Jenseits der Polaritäten

Hinweis:

In diesem Buch werden 3 Methoden beschrieben, die zur Stressreduktion bzw. Regulation innerpsychischer Vorgänge herangezogen werden können und auch als Selbsthilfemethoden geeignet sind. Sie haben sich in der Praxis zwar als sehr wirksam und ungefährlich erwiesen, doch ist es nicht ausgeschlossen, dass die Anwendung durch Laien starke unerwünschte Emotionen aktivieren kann, insbesondere wenn traumatische Erinnerungen damit bearbeitet werden. Aus diesem Grund möchte ich betonen, dass die hier beschriebenen Polaritäten-Integrations-Methoden keinen Ersatz für eine professionelle Behandlung bei gesundheitlichen Problemen oder stärkeren psychischen Störungen darstellen und dass es grundsätzlich zu empfehlen ist, sie von einem erfahrenen Ausbilder zu erlernen.

Wer eigene Anliegen mit diesen Methoden bearbeitet, tut dies somit auf eigene Verantwortung.

Danksagung:

Das vorliegende Buch wäre ohne die direkte oder indirekte Unterstützung seitens einiger besonderer Menschen nie entstanden. All diesen möchte ich für ihren jeweils persönlichen Beitrag an der Entstehung dieses Buches danken.

Mein besonderer Dank gilt dabei Zivorad M. Slavinski, Ivana Tomanovic, Filip Mihajlovic, Dubravka Freissle, Monika Huber, Helmut Vizedum, meiner Frau Renate und den Teilnehmerinnen und Teilnehmern der Münchner Übungsgruppe für PEAT und verwandte Methoden.

Michael Hoffmann

Jenseits der Gegensätze

**Polaritäten-Integration
als Hilfsmittel zu
seelischer Heilung und Transzendenz**

Impressum

Bibliografische Information der Deutschen Nationalbibliothek: Die Deutsche Nationalbibliothek verzeichnet diese Publikation in der Deutschen Nationalbibliografie; detaillierte bibliografische Daten sind im Internet über http://dnb.dnb.de abrufbar.

TWENTYSIX – Der Self-Publishing-Verlag
Eine Kooperation zwischen der Verlagsgruppe Random House und BoD – Books on Demand

© 2016 Michael Hoffmann

Herstellung und Verlag:
BoD – Books on Demand, Norderstedt

ISBN: 9783740716189

Illustration: Helmut Vizedum, Monika Huber

Inhalt

Vorwort 7

Einführung 10

1. Die Welt der Polaritäten 15

Die verschiedenen Sichtweisen in Bezug auf Polaritäten 15

Polaritäten als Gegensatzpaare, die einander ausschließen 15

Polaritäten als Gegensatzpaare, die eine übergeordnete Einheit bilden 20

Hilfreiche Strategien im Umgang mit Polaritäten 27

Polaritäten und emotionale Ladung 40

Typische Varianten der Polarisierung 41

Polaritäten-Integration als Lösung? 46

Was erlebt man bei der Integration 47

Der holistische Ansatz bei der Polaritäten-Integration 51

2. Polaritäten-Integration und ihr therapeutischer Nutzen 59

Erfahrungen mit Polaritäten-Integration 62

Polaritäten-Integration als Mittel zur Steigerung der eigenen Widerstandsfähigkeit gegenüber Belastungen 65

Polaritäten-Integration als Mittel gegen Stress und zur verbesserten Befindlichkeitsteuerung: 68

Polaritäten-Integration als Mittel zu gesteigerter Erlebnisfähigkeit: 70

Polaritäten-Integration zur Verbesserung der Beziehungsfähigkeit 72

Die Integration des Schattens 75

Polaritäten-Integration als Freudenquelle 81

Polaritäten-Integration zur Beschleunigung der
Persönlichkeitsentwicklung: 87

Polaritäten-Integration in der Psychotherapie: 99

Polaritäten-Integration zur Zielerreichung: 104

3. **Polaritäten und Polaritäten-Integration in der Spiritualität** 110

Das Ego und die Welt der polaren Gegensätze 134

Im Kampf zwischen Gut und Böse siegt das höhere Gute 138

Die nicht duale oder Einheitserfahrung 139

4. **Polaritäten-Integrations-Methoden** 160

Der Basis Prozess der Polaritäten Integration (Basis PPI) 163

Ivana Ende der Worte (IEW) 179

Holistic Releasing 192

PEAT (=Primordiale Energie Aktivierung und Transzendenz) 198

Der Universal Prozess (UP) bzw. der Fundamentale Polaritäten Prozess
(FPP) 211

Schlusswort 213

Literaturverzeichnis 224

Vorwort

Die Kapitel dieses Buchs beziehen sich auf eines der grundsätzlichsten Themen der Menschheit, nämlich auf die Frage nach der wahren Natur unserer Welt, die wir als dualistisch und somit voller Gegensätze und Widersprüche erleben.

Da es im Laufe der letzten Jahrtausende in praktisch allen Kulturen sowie in allen Denk- und Wissenschaftsbereichen viele kluge und weise Menschen gab, die zur Aufklärung dieser Frage wertvolle und interessante Beiträge leisteten, gehe ich davon aus, dass meine Recherche und das von mir zusammengestellte Wissensmaterial nur einen winzigen Bruchteil von all dem widerspiegelt, was es wert wäre, zitiert zu werden.

Die Auseinandersetzung mit der Dualität, mit Gegensätzen, Widersprüchlichkeiten und der Integration derselben finden sich z.B. in Überlieferungen und Schriften von Religionen, spirituellen Gruppierungen, magischen und mystischen Schulen, in gnostischen und neognostischen Kreisen, in der Philosophie, der Alchemie, der Esoterik, der Astrologie, dem Okkultismus, der Psychologie, in den Naturwissenschaften (insbesondere der modernen höheren Physik) etc.

Da ich mit dem vorliegenden Buch aber keine Literaturrecherche anstrebe, sondern beispielhaft auf gegenwärtig existierende Polaritäten-Integrations-Methoden und ihren praktischen Nutzen hinweisen möchte, erhebe ich auch keinerlei Anspruch auf die Vollständigkeit meiner Ausführungen. Wenn ich in diesem Buch also einige Autoren und Methoden nicht anführe, die für das Thema „Polaritäten-Integration" wertvoll oder interessant sein könnten, dann liegt das an der Fülle der Literatur und daran, dass ich sie entweder nicht kenne oder mich eben andere Autoren stärker ansprechen.

Ich selbst habe in den letzten Jahren etwa 5000 Polaritäten-Integrations-Prozesse bei mir selbst und in meiner therapeutischen Arbeit mit Freunden und Klienten durchgeführt. Ich kenne viele Anwender persönlich und weiß aus Internet-Foren, dass es weltweit tausende andere gibt, die Polaritäten-Integrations-Methoden für sich nutzen. Sie alle erleben diese als Bereicherung für ihr Leben und manche halten sie sogar für eines der größten Wunder, auf das sie je gestoßen sind.

Mit dem vorliegenden Buch ist es mir ein Anliegen, Sie über die Möglichkeiten der Polaritäten Integration zu informieren, Ihnen neue Sichtweisen und Gedanken zu vermitteln, Zusammenhänge aufzuzeigen, sie zu inspirieren und Sie letztlich dazu anzuregen, eigene Erfahrungen mit diesen wunderbaren Methoden zu machen.

„Die alten Schamanen haben entdeckt, dass das gesamte Universum aus Zwillingskräften besteht, aus Kräften, die gleichzeitig einander entgegen gesetzt sind und sich ergänzen.
Unsere Welt ist unvermeidlich eine Zwillingswelt."

(Carlos Castaneda)

Einführung

Wir alle leben in einer dualistischen Welt der polaren Gegensätze. Egal ob es sich dabei um vermeintlich neutrale Inhalte handelt wie hier-dort, groß-klein, früher-später, jetzt-dann oder um emotional bedeutsame Inhalte wie z.b. glücklich-unglücklich, schön-hässlich, reich-arm, genüsslich-leidvoll, unsere gesamte Welt und all unsere Erfahrungen lassen sich in Form von Polaritäten oder Gegensatzpaaren beschreiben.

Der polare Charakter unserer Welt ist dabei die Quelle all unseres Glücks und Unglücks, all unserer Freuden und Leiden und somit auch all unserer Probleme. Polaritäten sind verantwortlich für unsere innere Zerrissenheit und Widersprüchlichkeit, sowie für unser Gefühl, unvollständig und vom Rest der Welt abgetrennt zu sein. Die Art und Weise, wie wir die Gegensätze der Welt bewerten und wie wir mit ihnen umgehen, hat dabei einen entscheidenden Einfluss auf unsere Befindlichkeit.

Nehmen wir nämlich einfach einmal an, es gäbe keine Polaritäten, kein „hier versus dort", kein „jetzt versus dann", kein „ich versus Nicht-ich", kein „leben versus sterben", kein „etwas wollen versus etwas nicht wollen" mehr, dann gäbe es auch keine Probleme. Es gäbe sogar weder Raum, noch Zeit, Vielheit, Gegensätze oder Vergänglichkeit.

Während wir die objektiv bestehenden Gegensätze unserer Welt nicht ungeschehen machen können, ist es durchaus möglich, die Unvereinbarkeit, die wir zwischen beiden Polen einer Polarität erleben, in unserer Erfahrung zu beseitigen. Durch diesen Prozess, der als Polaritäten-Integration bezeichnet wird, lassen sich automatisch auch alle emotionalen Belastungen auflösen, die wir im Hinblick auf die jeweilige Polarität fühlen. Wenn ich also z.B. einen Widerspruch zwischen den Polen „verheiratet sein" und „frei sein" erlebe und mich deshalb nicht binden will, habe ich nach der Polaritäten-Integration nicht mehr das Gefühl, dass sich beide Themen ausschließen. Ich kann dann also gleichzeitig in einer Bindung leben und mich dabei dennoch frei fühlen.

Auf diese Weise bieten Polaritäten-Integrations-Methoden eine wunderbare und leicht zu erlernende Möglichkeit, innere Konflikte zu lösen, unterschiedliche Bedürfnisse unter einen Hut zu bekommen und dabei alle Arten von Stress und emotionalen Schräglagen zu entschärfen.

Da einige Varianten der Polaritäten-Integrations-Methoden für kurze Momente eine sehr angenehme Erfahrung der Einheit jenseits der Polaritäten ermöglichen, kann man mithilfe der Polaritäten-Integration nicht nur seelische Nöte und innere Konflikte beseitigen, sondern hat darüber hinaus auch noch jederzeit Zugang zu angenehmen Gefühlen.

Bevor wir jedoch tiefer in die Welt der Polaritäten eintreten wollen, wenden wir uns kurz der Definition der Begriffe zu, die im Folgenden immer wieder Verwendung finden werden.

Begriffsdefinitionen

Polarität:

In den verschiedenen deutschen Fremdwörterlexika wird der Begriff „Polarität" übereinstimmend als „Gegensätzlichkeit" definiert, wobei der Duden ergänzt: „Gegensätzlichkeit bei wesenhafter Zusammengehörigkeit".

Diese Ergänzung ist von enormer Bedeutung, wie wir später noch sehen werden. Generell steht im deutschsprachigen Bereich aber das Unvereinbare und die Verschiedenheit der beiden Pole einer Polarität im Vordergrund, was man auch an den Definitionen der Begriffe „polarisieren" und „Polarisation" unschwer erkennen kann. Ersteres bedeutet laut Duden nämlich „spalten, trennen, Gegensätze schaffen" und letzteres „das deutliche Hervortreten von Gegensätzen; Herausbildung einer Gegensätzlichkeit". Hier ist nun selbst im Duden nicht mehr von einer wesenhaften Zusammengehörigkeit die Rede, was auch dem allgemeinen Verständnis entspricht. Denn eine weit verbreitete graphische Darstellung für eine

Polarität ist ein Vektor mit einem Pluspol und einem Minuspol und so ziemlich jeder wird einsehen, dass plus und minus etwas völlig anderes und gegensätzliches bedeuten.

Als Synonyme für die Begriffe „Polarität" oder „polar" werden auch gelegentlich die Bezeichnungen „Dualismus" und „dualistisch" verwendet. Laut Duden ist ein „Dualismus" nämlich ebenfalls eine „Gegensätzlichkeit" bzw. „die Polarität zweier Faktoren" und „dualistisch" bedeutet „zwiespältig" und „gegensätzlich".

Und was ist das Entscheidende am Begriff „Gegensatz"? Nun, Andersartigkeit, Gegeneinander, Kluft, Kontrast, Unterschied, Unterschiedlichkeit, Verschiedenartigkeit, Verschiedenheit, Widerstreit.

Integration:

Laut Duden bedeutet der Begriff „Integration" unter anderem „die (Wieder)herstellung einer Einheit (aus Differenziertem)" sowie „die Eingliederung in ein größeres Ganzes". Wenn im Text das Verb „integrieren" verwendet wird, geht es im Kontext dieses Buches meist darum, gegensätzliche Pole „zu einem übergeordneten Ganzen zusammenzuschließen, sie in ein übergeordnetes Ganzes aufzunehmen bzw. sie zu einer Einheit zu verbinden."

Transzendenz:

Ein weiterer wichtiger Begriff, der in diesem Buch Anwendung findet, ist die „Transzendenz". Er entstammt dem lateinischen Wort „ transcendentia", was soviel heißt wie „das Übersteigen". Laut Wikipedia hat „Transzendenz" verschiedene Bedeutungen. Ihnen allen ist jedoch gemeinsam, „ dass ein Akt oder Prozess des Überschreitens einer Grenze, die zwei ihrer Natur nach fundamental verschiedene Bereiche trennt, angenommen wird." Genau dies ist es auch, was im Weiteren gemeint ist, wenn die Worte „transzendieren" oder „Transzendenz" im Text erscheinen.

Methoden:

Die in diesem Buch beschriebenen Polaritäten-Integrations-Methoden werden unter ihren Anwendern synonym als „Methoden", als „Techniken" und als „Prozesse" bezeichnet (da man bei ihrer Anwendung einen Prozess der Integration durchläuft). Statt dem Begriff „anwenden" wird somit auch häufig das Wort „prozessieren" verwendet.

Mit diesen Begrifflichkeiten ausgerüstet, treten wir nun einen Schritt tiefer in die Materie ein.

„Lebe dein Leben auf alle möglichen Arten – gut-schlecht, bitter-süß, dunkel-hell, Sommer-Winter. Lebe alle Dualitäten. Habe keine Angst Erfahrungen zu machen, denn umso mehr Erfahrung du hast, umso reifer wirst du werden."

(Osho)

1. Die Welt der Polaritäten

Die verschiedenen Sichtweisen in Bezug auf Polaritäten

Wenn man sich mit Polaritäten beschäftigt, gibt es verschiedene Möglichkeiten, diese zu betrachten. Grob gesagt, reicht das Spektrum dabei von der Ansicht, dass die jeweiligen Pole voneinander unabhängige und oft auch einander ausschließende Gegensätze sind, bis hin zum anderen Extrem, das besagt, dass Pole immer nur die zwei Seiten einer Medaille darstellen, die niemals unabhängig voneinander existieren können. Darüber hinaus gibt es verschiedene Kombinationen dieser Sichtweisen, wie z.B. wenn man behauptet, dass physikalische Polaritäten aus absoluten Gegensätzen gebildet werden, während sich die Pole von psychologischen Polaritäten nicht unbedingt ausschließen müssen.

Beginnen wir aber mit den beiden Grundsätzlichsten, die in gewisser Weise jeweils das westliche und östliche Denken repräsentieren. Denn während man im Westen die Aufmerksamkeit traditionell auf das Äußere, das mit den Sinnen Wahrnehmbare und das Individuelle richtete, legte man im Osten den Fokus auf das Universelle, das Transzendente und den Einheitsaspekt aller Dinge.

Polaritäten als Gegensatzpaare, die einander ausschließen

Die erste, eher typisch westliche Sichtweise besagt nun, dass die beiden Pole einer Polarität unvereinbare Gegensätze bilden, die sich gegenseitig ausschließen. Diese Haltung steht in engem Zusammenhang zur wissenschaftlichen Herangehensweise an die empirisch beobachtbare physikalische Welt. Entweder das Licht ist an oder es ist aus und es kann nicht gleichzeitig an und aus sein. Entweder man geht bei einer Weggabelung nach links oder man geht nach rechts, aber man kann unmöglich gleichzeitig in beide Richtungen gehen. Niemand, der halbwegs bei Verstand ist, wird diesen Tatsachen widersprechen, da sie sich im Alltag jederzeit überprüfen und bestätigen lassen.

Spannender wird es jedoch, wenn man diese Sichtweise auf Polaritäten im Bereich der menschlichen Psyche anwendet, wie z.b. auf:

- gegensätzliche menschliche Eigenschaften (z.b. sportlich sein versus unsportlich sein),
- gegensätzliche Werte (z.b. Bindung versus Freiheit),
- gegensätzliche Bewertungen (z.b. reich sein versus arm sein) oder
- gegensätzliche Emotionen (z.b. lieben versus hassen).

Denn dann zeigt sich schnell, dass sich vermeintliche Gegensätze in diesen Bereichen nicht zwingend ausschließen. Vielmehr kommt hier das Phänomen der Relativität zu tragen und die Tatsache, dass beide Pole einer Polarität gleichzeitig oder in zeitlich wechselnder Abfolge auftauchen können.

Nehmen wir einmal an, ich hätte einen sportlichen Nachbarn, der als Briefträger arbeitet und sich für muskulös, aber in seinem Job unterbezahlt hält. Dann kommt es darauf an, mit wem er sich vergleicht. Möglicherweise könnte man ihn im Vergleich zum Landesdurchschnitt mit Recht als unterbezahlt einstufen und weil er regelmäßig Krafttraining macht, auch als muskulös. Gegenüber einem Briefträger in Indien würde er sich dagegen wohl kaum als unterbezahlt darstellen und unter Bodybuildern würde er seine Muskelmasse wohl auch eher gering einschätzen. Er ist also sowohl unterbezahlt als auch überdurchschnittlich bezahlt und sowohl muskulös als auch nicht. Je nachdem, welche Vergleichsgruppe er heranzieht.

Die gleiche Relativität findet sich bei Emotionen und Werten. Angenommen man ist der Meinung, Hass wäre das Gegenteil von Liebe und Böse wäre das Gegenteil von Gut. Dann mag das theoretisch richtig sein, doch schließen sich beide Pole im praktischen Leben nicht zwingend aus. Schließlich kommt es auch immer wieder vor, dass jemand eine andere Person gleichzeitig oder abwechselnd hasst und liebt, oder ihr Gefühle entgegen bringt, die zwischen beiden Extremen liegen. Bei der Frage, ob etwas gut oder böse ist, hängt die Antwort ebenfalls vom Betrachter, den Umständen und der jeweiligen Wertehaltung des Urteilenden ab.

Einen entscheidenden Beitrag für die Sichtweise, dass gegensätzliche Pole nicht miteinander vereinbar sind, hat in der westlichen Welt sicherlich die christliche Schöpfungsgeschichte geleistet, die das „Entweder-oder" der Polaritäten geradezu dramatisiert. Sie erklärt uns darüber hinaus aber auch, wie die Polaritäten überhaupt entstanden sind.

Im Buch Genesis der Bibel steht geschrieben, dass Gott (ein nicht näher definiertes höchstes Wirkendes) zuerst Himmel und Erde erschuf und danach das Licht, das er von der Finsternis trennte, so dass Tag und Nacht entstanden. Im weiteren Verlauf schuf er dann sämtliche weitere Details der Schöpfung und darunter auch Mann und Frau, die er in den Garten Eden setzte, wo sie zunächst im Einklang mit der Natur und allen Wesen lebten. In diesen Garten pflanzte Gott jedoch auch den Baum der Erkenntnis des Guten und Bösen und verbot Adam und Eva, von seinen Früchten zu essen und er sagte ihnen, dass sie an dem Tag, an dem sie davon essen, sterblich würden. Leider hielten sich die beiden, wie wir alle wissen, nicht an das Verbot, was mehrere schwerwiegende Konsequenzen zur Folge hatte: unmittelbar nachdem sie den Apfel vom Baum der Erkenntnis gegessen hatten, wurden sie sich nämlich plötzlich ihrer Nacktheit bewusst, schämten sich und wurden zum ersten Mal von einem Gefühl der Furcht überfallen. Dessen nicht genug wurden sie auch noch von Gott verflucht und aus dem Garten Eden vertrieben.

Was ist also gemäß dieser Geschichte im Prozess der Schöpfung geschehen:

Bevor die uns bekannte Welt in Erscheinung trat, gab es laut der Bibel eine Schöpferkraft, die „Gott" genannt wird. Da es außer Gott nichts zu geben schien, existierte also nur Gott allein, als Einziges, All-Eines, Unergründliches. Und dieses Eine bewirkte, dass es aus sich selbst oder aus dem Nichts heraus zu einem Ur-Sprung bzw. einer ersten Teilung oder Polarisierung in Himmel und Erde kam, die dann im weiteren Schöpfungsprozess die Basis für weitere Polarisierungen bildete. So ist die Erde z.B. fest und befindet sich (aus unserer Perspektive) unten und der Himmel ist transparent und befindet sich oben. Dies sind nun zugleich Aspekte des Faktors „Raum" bzw. „Räumlichkeit".

Durch die Schöpfung von Licht und Dunkel entstanden dann automatisch die Pole „Sichtbarkeit versus Unsichtbarkeit" und durch die Schöpfung von Tag und Nacht auch das, was wir als „Zeit" bzw. den Zeitenverlauf kennen.

Bis zu diesem Punkt beschreibt die Bibel somit die Entstehung von Raum und Zeit. Dann wurde der Raum mit leblosen Elementen (Materie) und Myriaden Lebewesen gefüllt und die Zeit in Zyklen eingeteilt.

Wichtig für unsere Betrachtungen ist dabei der Hinweis, dass weder die Polaritäten, die Raum und Zeit und Materie definieren, noch alle anderen, denen Adam und Eva im Garten Eden gegenüberstanden, problembehaftet waren. Vielmehr befanden sich alle Lebewesen zunächst und so lange in einem quasi paradiesischen Zustand, bis es durch das Essen vom Baum der Erkenntnis zur Erfahrung der Polarität „Gut versus Böse" kam. Erst diese Polarität führte das Element des Leidens in die bisherige Harmonie ein und hatte auch sofort die bekannten negativen Folgen.

Der Polarität „Gut und Böse" kommt laut der Bibel somit eine ganz außerordentliche Bedeutung für das Wohl und Wehe des Menschen zu, so dass es auch nicht verwunderlich ist, dass sich die christlichen Religionsväter intensiv der Frage widmeten, welches Verhalten genau als gut und welches als böse zu definieren sei. Bedauerlicherweise kam es deshalb im weiteren Verlauf der historischen Geschichte des Christentums zu einer dramatischen Verschärfung des Gegensatzpaars „Gut und Böse". Auf der einen Seite wurde nämlich der positive Pol, der alles Gute beinhaltet, als allein selig machend und zur Christenpflicht erklärt, während man das Böse verdammte, es mit der Drohung des Fegefeuers oder der Hölle verband, es zur Sünde erklärte und als unbedingt zu vermeiden deklarierte.

In der logischen Konsequenz gab es über die Jahrhunderte hinweg immer wieder Menschen und Gruppierungen die es sich zum Ziel machten, den negativen Pol des Bösen und der Sünde vollständig auszurotten und eine Welt zu erschaffen, in der ausschließlich der Pol des Guten regiert. Wie uns die Geschichte der Menschheit lehrt, wurde dieses Ziel jedoch zu keiner Zeit auch nur ansatzweise erreicht und das Böse schlich sich durch die Vorder- und Hintertüre immer und immer wieder ein und tarnte sich oft sogar als gute Tat, wenn z.B. im Namen von Liebe und Freiheit unvorstellbar Gräueltaten begangen wurden.

Andere christliche Denker erkannten dagegen, dass es wohl unmöglich sein dürfte, das Böse vollständig aus der Welt zu verbannen. So bedienten sie sich der Polarität des Diesseits vs. Jenseits, erklärten das Diesseits zum Kriegsschauplatz zwischen Gut und Böse und entwickelten die Idee eines Jenseits nach dem Tode, in dem extreme Pole ohne ihre jeweiligen Gegensätze einzeln auftreten können. Der absolut positive Pol wurde in den christlichen Himmel projiziert, in dem sich alles nur irgendwie vorstellbare Gute, Schöne, Angenehme und Begehrte tummelt und verwirklicht. Und der absolut negative Pol bekam seinen Platz in der Hölle, die ihrerseits ausschließlich Leidvolles, Schmerzliches, Böses, Schlimmes und Gefürchtetes beherbergt.

Aber stellen wir uns doch einmal kurz selbst die Frage: ist es auf Erden überhaupt möglich, nur einen Pol einer Polarität zu haben und den anderen gänzlich los zu werden?

Im sinnlich wahrnehmbaren physikalischen Universum ist die Antwort darauf ein klares „nein". Wer daran Zweifel hegt, kann ja einmal versuchen, sich eine Welt vorzustellen, in der es nur noch ein oben ohne ein unten gibt, nur ein rechts ohne links oder nur ein hell ohne dunkel.

Selbst der Versuch, sich so etwas vorzustellen, ist bereits zum Scheitern verurteilt, da diese Polaritäten jeweils Teile eines übergeordneten größeren Faktors sind, von dessen Existenz sie abhängen. Nehmen wir die Polarität oben versus unten, dann sind beide Charakteristiken des Faktors Raum bzw. der Räumlichkeit und somit direkt von der An- oder Abwesenheit dieses Faktors abhängig. Oder anders gesagt: wo es Raum gibt, kann man in Abhängigkeit vom Betrachter automatisch sowohl ein „oben" als auch „unten" definieren. Und wo es keinen Raum gibt, wie z.B. in einem Punkt, ist sowohl ein oben als auch ein unten unmöglich bzw. unsinnig.

Ebenso verhält es sich mit hell versus dunkel. Beide hängen z.B. vom Faktor der Sichtbarkeit ab und wo es dieses Phänomen gibt, kann man sowohl hell als auch dunkel erkennen und wo es dieses nicht gibt, kann man logischerweise keines der beiden wahrnehmen.

Ähnlich ist es mit den Rhythmen des Lebens, wie z.B. Tag und Nacht. Tag und Nacht sind Gegensätze, die Bestandteile eines größeren Phänomens sind, nämlich der Erdrotation in Gegenwart einer Lichtquelle wie der Sonne. Auch hier verhält es sich wie bei den vorigen Beispielen. Solange sich die Erde um die Sonne dreht, wird es auch das Phänomen von Tag und Nacht geben und ohne Erdrotation wären die Bezeichnungen Tag und Nacht sinnlos. Tag und Nacht gehören somit zusammen wie die Vorder- und Rückseite einer Münze, die man auch nicht trennen und getrennt voneinander aufbewahren kann.

Polaritäten als Gegensatzpaare, die eine übergeordnete Einheit bilden

Und hier sind wir bereits bei der zweiten grundsätzlichen Denkhaltung angelangt, die man in Bezug auf Gegensatzpaare einnehmen kann. Nämlich diejenige Sichtweise, die die Zusammengehörigkeit und untrennbare Verbundenheit der Pole einer beliebigen Polarität betont. Aus dieser Perspektive schließen sich die Gegensätze nicht wirklich aus, sondern sie stellen Aspekte einer übergeordneten Ganzheit dar, wie sowohl mein linker Arm als auch mein rechter Arm Teile von mir als Gesamtperson sind. Weder der eine noch der andere Pol kann dabei als positiv oder negativ bewertet werden, genauso wie es keinen Sinn machen würde zu sagen, dass mein linker Arm gut und mein rechter Arm schlecht sei.

Diese Sichtweise geht aber sogar noch weiter und behauptet, dass sich vermeintliche Gegensätze in Wirklichkeit ergänzen, so wie dies auch bei den beiden Armen einer Person oder den beiden Flügeln eines Vogels der Fall ist. So wird z.B. die Nacht als Ergänzung zum Tag gesehen, genauso wie der Sommer als Ergänzung zum Winter oder der Tod zum Leben. Sie werden nicht als einander bekämpfende Kräfte oder Phänomene betrachtet, sondern als Ausdruck einer einzigen Energie oder Existenz.

So heißt es z.B. in einer Zen-Weisheit: „Wasser erstarrt zu Eis, Eis schmilzt zu Wasser. Was geboren ist, stirbt wieder; was gestorben ist, lebt wieder. Wasser und Eis sind letztlich eins. Leben und Tod, beides ist gut so." und eine taoistische Weisheit besagt: „Denn Sein und Nicht-Sein erzeugen einander. Schwer und Leicht vollenden einander. Lang und Kurz gestalten einander. Stimme und Ton vermählen einander. Vorher und Nachher folgen einander."

Die vielleicht berühmteste und älteste Denkrichtung, die diesen Ansatz vertritt, ist dabei der Taoismus, dessen Darstellungsweise für Polaritäten in Form des Symbols Yin-Yang weltweit bekannt ist. Aber schauen wir uns doch dieses Yin-Yang Symbol und die Philosophie des Taoismus etwas genauer an.

Im Yin Yang Symbol stehen sich zwei Gegensätze so gegenüber, dass sie gemeinsam eine sich ergänzende und untrennbare Einheit bilden. Das weiße Yang steht dabei für Härte, Licht, Hitze, Männlichkeit und Aktivität, und das schwarze Yin für Weichheit, Dunkelheit, Kälte, Weiblichkeit und Ruhe. Das Besondere an diesem Symbol liegt aber insbesondere darin, dass jeder der beiden Pole seinen Gegenpol bereits als Punkt in sich enthält.

Das was aber sowohl dem Yin als auch dem Yang zugrunde liegt und in beiden immer auch gegenwärtig ist, ist das sogenannte Tao. Das Tao ist der Urgrund und die Quelle, aus dem alle Dinge hervorgehen, in Erscheinung treten und wieder verschwinden. Es ist die höchste Synthese und die alles verbindende und alles zusammenhaltende Ordnung. Theo Fischer sagte über das Tao: „Im Tao gibt es keine Trennung zwischen innerer und äußerer Welt. Beide bedingen sich gegenseitig. Die Essenz des Tao ist das Aufhören aller Gegensätze. Wenn es sich bewegt, dann als kontinuierliches Zusammenspiel dieser Gegensätze."

Da das Yin Yang Symbol die Form eines Kreises hat, kann man sich dieses kontinuierliche Zusammenspiel der Gegensätze auch als sich drehendes Rad vorstellen, wobei ein Kreislauf entsteht, bei dem jeweils einer der beiden Pole oben ist und schon nach kurzem von seinem Gegenpol abgelöst wird. Yin und Yang würden dabei ständig abwechselnd ansteigen und wieder absinken und das Absinken des einen Pols hätte zwingend, natürlich und unvermeidlich ein Ansteigen des jeweils anderen Pols zur Folge.

Je nachdem welche Polarität man in das Yin Yang Symbol einfügen würde, hätte man dann z.B. ein Wechselspiel bzw. einen ewigen Kreislauf von Hell und Dunkel, Tag und Nacht, Sommer und Winter, Glück und Unglück, Leben und Tod, Gut und Böse etc.

Wenn man die Idee akzeptiert, dass sich das Leben nach dem Prinzip des Yin Yang Symbols vollzieht, hat dies natürlich gewaltige Auswirkungen auf die eigene Lebenshaltung. So würde man z.B. den Versuch, immer nur glücklich oder erfolgreich zu sein, als unmöglich und sinnlos erkennen.

Umgekehrt würde man im Fall von Schicksalsschlägen gelassener bleiben, da man diese als unvermeidliche Begleiterscheinungen der Möglichkeit erkennen würde, auch Schönes und Angenehmes zu erleben. Denn entweder man akzeptiert beides und bejaht dadurch das gesamte Spektrum der Lebenserfahrungen, oder man verneint beides.

Eine der bekanntesten Beispiele dieser Denkhaltung ist die Parabel vom taoistischen Bauern, die aus dem 2. Jahrhundert vor Christus stammt und die Sichtweise des Taoismus in Bezug auf Glück („dies ist gut") und Unglück („das ist schlecht") erläutert.

Der taoistische Bauer

„Glück und Unglück erzeugen sich gegenseitig und es ist schwierig ihren Wechsel vorauszusehen.

Ein rechtschaffener Mann lebte nahe der Grenze.

Ohne Grund entlief ihm eines Tages sein Pferd auf das Gebiet der Barbaren.

Alle Leute bedauerten ihn, doch sein Vater sprach zu ihm: „Wer weiß schon, ob das wirklich Unglück ist."

Mehrere Monate später kam sein Pferd zurück mit einer Gruppe guter, edler Barbaren-Pferde.

Alle Leute beglückwünschten ihn, doch sein Vater sprach zu ihm: „Wer weiß schon, ob das wirklich Glück ist."

Der Mann aber liebte das Reiten und stieg mit Freuden auf die Pferde.

Dabei fiel er und brach sich ein Bein.

Alle Leute bedauerten ihn, doch sein Vater sprach zu ihm: „Wer weiß, ob das wirklich Unglück ist."

Ein Jahr später fielen die Barbaren über die Grenze ein.

Die erwachsenen Männer bespannten ihre Bögen und zogen in den Kampf.

Neun von zehn Grenzbewohnern wurden dabei getötet, mit Ausnahme des Mannes wegen seines gebrochenen Beins.

Vater und Sohn überlebten beide.

Daher: Unglück bewirkt Glück und Glück bewirkt Unglück.

Dies passiert ohne Ende und niemand kann es abschätzen."

Diese Parabel weist uns auf sehr elegante Weise darauf hin, dass Glück und Unglück oder Freude und Leid nur subjektive Einschätzungen der Dinge sind und dass Freude schnell wie Leid aussehen kann und Leid wie Freude, wenn man den Blickwinkel verändert. In der Regel verändert sich unser Blickwinkel nämlich nur allzu oft, wenn wir den weiteren Verlauf der Dinge und alle Folgen einer Handlung mit etwas zeitlichem Abstand betrachten. Da wir im Voraus jedoch in Wirklichkeit nie sämtliche Folgen eines Ereignisses oder eines Umstandes kennen können, ist es grundsätzlich unklug, voreilig Urteile zu fällen. So dachte schon so mancher bei seiner Hochzeit, das große Glück gezogen zu haben, nur um einige Jahre (oder auch nur Monate) später geschieden, desillusioniert und zutiefst enttäuscht da zu stehen und den Tag zu verfluchen, an dem er den damaligen Partner geheiratet hat. Auf diesem Hintergrund ist der Gleichmut des Alten aus der obigen Parabel eine durchaus angemessene Reaktion und gute Lektion für andere, auch wenn er auf den ersten Blick ziemlich skurril wirken mag. Dank seiner Haltung des Nicht-Bewertens und der Akzeptanz dessen was ist, die übrigens nichts mit stiller Resignation oder Gleichgültigkeit zu tun haben, findet der Alte inmitten der Wirrungen des Lebens innere Ruhe, dauerhafte Gelassenheit und vielleicht sogar wahres Glück, wo seine Nachbarn abwechselnd jubeln und in Selbstmitleid versinken.

Wenn wir die beiden eben beschriebenen Sichtweisen in Bezug auf die polaren Gegensätze unserer Lebenswirklichkeit miteinander vergleichen, dann stellen wir schnell fest, dass beide jeweils unterschiedliche Strategien nahe legen, wie man im Angesicht von Gegensätzen, Widersprüchen und Unvereinbarkeiten Glück und Frieden finden kann.

Den erwünschten Pol anvisieren, den Unerwünschten ignorieren

Wenn man der ersten Sichtweise folgt, die die Welt in unvereinbare Gegensätze wie Gut und Schlecht bzw. Erwünscht und Unerwünscht aufteilt, scheint das Heil darin zu liegen, das Gute und Positive soweit zu stärken, dass es einen vollständiger Sieg über das Böse und Negative erlangt. Unter diesen Umständen wäre nämlich letztlich nur noch das Gute übrig und das Schlechte wäre vollständig von der Erde verbannt. Leider wird die Welt in diesem Versuch zunächst zu einem Schauplatz des Kriegs zwischen Gut und Böse, wobei das Licht die Finsternis für immer vertreiben, der Geist die Materie unterwerfen und das Gute über das Böse siegen soll. Leider scheint sich diese Rechnung nicht aufzugehen und die Tragödien der Menschheit sind dafür ein trauriger Beweis. Denn erstens war sich die Menschheit noch nie darüber einig, was nun gut und was schlecht ist und tendenziell scheinen wir alle dazu zu neigen, im Zweifelsfall uns selbst als die Guten und alle Andersdenkenden als die Bösen wahrzunehmen. Die Folge sind ständig schwelende Konfliktherde, in denen genau das zur Tagesordnung wird, was man eigentlich vermeiden wollte, nämlich das Leiden. Aber selbst wenn sich alle darüber einig wären, was nun Gut ist und was nicht, gäbe es bei dieser Denkhaltung immer noch das Problem der Feindseligkeit gegenüber dem Bösen. Und Feindseligkeit hat noch nie zu Frieden geführt. Vielmehr verleitet diese Feinseligkeit dazu, ständig auf der Hut vor dem Bösen, Schlechten und Leidvollen zu sein, wobei man seine Aufmerksamkeit natürlich worauf richtet? Genau, - auf das Böse, Schlechte und Leidvolle. Des Weiteren besteht die Gefahr, sich im Hinblick auf das, was man für gut hält zu täuschen und sich selbst und andere im Hinblick auf die eigenen Motive zu belügen, so dass man Schlechtes positiv umdeklariert und als gut und wertvoll verkauft. Dann hat man es plötzlich mit den Phänomenen der Abwehrmechanismen zu tun, wie z.B. der Leugnung und Verdrängung, die bekanntermaßen eher zu Neurosen und weiteren Problemen führen, als zu Frieden und Glück.

Alles in allem hat die Geschichte gezeigt, dass die Aufspaltung von Polaritäten in erwünschte und unerwünschte Pole in der Regel nur zu einer immer stärker werdenden Polarisierung führt, wodurch auch der Stress und die Probleme immer mehr zunehmen. So steigt die Wahrscheinlichkeit, psychisch zu erkranken und die eigenen verdrängten Mängel plötzlich überall bei seinen Mitmenschen zu sehen und sie dort zu bekämpfen. Aus diesem Grund sagte Lao Tse schon vor über 2000 Jahren: „Hüte dich vor den Extremen. Gehe nicht ins Extrem, denn am Ende eines Extrems wechselt alles in sein Gegenteil" und „Dehne den Bogen bis an seine Grenze und du wirst dir wünschen, du hättest rechtzeitig damit aufgehört."

Andererseits muss man natürlich auch sehen, dass diese Sichtweise das Wollen und Begehren eines Menschen anheizt und somit Brennstoff für Ehrgeiz, Forscherdrang und Fortschritt ist. Die Folge ist eine Kultur, in der das Höher, Schneller, Weiter, Größer, Besser und Mehr idealisiert wird, und das ist genau das Bild der Welt, wie wir sie heute vorfinden.

Die taoistische Sicht dagegen verspricht inneren Frieden und Glück durch die Einsicht, dass man die Freuden dieser Welt nur haben kann, wenn man auch bereit ist, die leidvollen Aspekte des Lebens zu akzeptieren, sowie durch das Aufgeben voreiliger Urteile. Anstatt sich ständig über die Ereignisse und Mitmenschen mitsamt ihren Handlungen zu ereifern und ständig für oder gegen etwas zu sein, empfiehlt der Taoismus also, sich nicht ständig gegen den Fluss des Lebens zu stellen, indem man urteilt, gegen Widrigkeiten kämpft und immerzu nach Glück schielt.

Die Sicht der Gelassenheit und des Nicht-Eingreifens reduziert allerdings jeglichen Ehrgeiz und alle Gier, so dass die Verbreitung dieser Haltung wohl zur Folge gehabt hätte, dass es viele der modernen technischen Errungenschaften noch lange Zeit nicht geben würde.

Hilfreiche Strategien im Umgang mit Polaritäten

Eine Kombination beider Haltungen, nämlich das Anvisieren und Verfolgen des erwünschten Pols bei gleichzeitiger Akzeptanz des Gegenpols könnte somit eine Lösung der Nachteile beider Haltungen mit sich bringen. Und genau diese Sicht wird in der Bhagavad Gita, einer der zentralen Schriften des Hinduismus, als heilsame Haltung und gangbaren Weg für den Normalsterblichen empfohlen. In dieser Schrift sagt Gott in Gestalt Krishnas zu seinem Schüler Arjuna sinngemäß: „Prüfe bei all deinen Unterfangen zuerst, ob deine Motive redlich sind, und dann gib dein Bestes, sie zu erreichen. Doch giere nicht nach dem Erfolg, sondern blicke nur auf deine redlichen Motive und dein redliches Handeln und handle um des Handelns willen. Überlasse es mir (Gott), ob du Erfolg haben wirst oder nicht, denn das Ergebnis deines Handelns liegt nicht in deiner Hand."

Eine solche Haltung anzunehmen, nämlich sein Herzblut in die Verfolgung redlicher Ziele zu legen und dabei wirklich nicht auf den Erfolg zu schielen, wäre in der Tat eine wunderbare Lösung, dürfte in der Realität allerdings fast genauso schwer umzusetzen sein, wie die vollständige Gelassenheit des Taoismus. Denn wer schafft es schon, seine Energie und Zeit in ehrgeizige Ziele zu investieren, wenn diese nicht irgendeinen (zumindest ideellen) Gewinn versprechen.

Abgesehen von den Denkern des Christentums, des Taoismus und des Hinduismus haben sich über die Jahrtausende aber auch zahllose andere Mystiker, Philosophen und Denker mit dem Mysterium der Dualität und der polaren Gegensätze unserer Welt beschäftigt. Die meisten von ihnen kamen dabei zu der Schlussfolgerung, dass die Jagd nach dem jeweils einen Pol einer Polarität vermieden werden sollte, und man nach einer Integration der Gegensätze streben sollte, wenn man nach innerem Frieden und Ausgeglichenheit strebt. Einige der Strategien, die in diese Richtung zielen, sind dabei:

a) das Suchen und Begehen eines Mittelwegs zwischen den Polen

b) das Ausgleichen des einen Pols durch das bewusste Berücksichtigen des Gegenpols

c) das Gute im Schlechten zu erkennen und das Schlechte im Guten

d) das abwechselnde Anvisieren erst des einen und dann des anderen Pols.

a) Die Wahl des Mittelwegs

Zwei klassische Vertreter eines Mittelwegs waren dabei der griechische Philosoph Aristoteles und der historische Buddha, die mit ihren jeweiligen Visionen des Mittelwegs jedoch unterschiedliche Ziele anstrebten. Während Aristoteles mit seinem Werk der „Nikomachischen Ethik" einen Leitfaden verfasste, wie man ein guter Mensch werden und ein glückliches Leben führen kann, ging es Buddha darum, welcher Lebensstil eine schnellstmögliche Erleuchtung und damit Befreiung von jeglichem Leid ermöglicht.

Aristoteles ging davon aus, dass alles Gute und Tugendhafte jeweils in der „rechten Mitte zwischen zwei fehlerhaften Extremen" liegt. Betrachtet man die Tugend der Tapferkeit aus seiner Perspektive, so befindet sie sich zwischen den Extremen der Feigheit und der Tollkühnheit, die er weder für wünschenswert noch für Glücksbringend hält. Die gleiche Logik gilt auch für die Freundlichkeit und viele andere Tugenden, wobei Aristoteles Freundlichkeit als gesunde Mitte zwischen einem mürrischen Wesen und Schmeichelei verstehen würde.

Seine Sichtweise erklärt Aristoteles dabei folgendermaßen:

„Ich meine die Gutheit des Charakters, die Tugend. Denn diese hat mit Affekten und Handlungen zu tun, und in diesen gibt es Übermaß, Mangel und das Mittlere.

Zum Beispiel kann man Furcht, Mut, Begierde, Zorn, Mitleid und allgemein Lust und Unlust ebenso zu viel wie zu wenig empfinden, und beides ist nicht die richtige Weise. Dagegen sie zu empfinden, wann man soll, bei welchen Anlässen und welchen Menschen gegenüber, zu welchem Zweck und wie man soll, ist das Mittlere und Beste, und dies macht die Tugend aus. Ähnlich gibt es Übermaß, Mangel und das Mittlere in Bezug auf Handlungen.

Die Tugend hat mit Affekten und Handlungen zu tun, bei denen das Übermaß wie auch der Mangel eine Verfehlung darstellt, das Mittlere dagegen gelobt wird und das Richtige trifft. Dies beides aber (Gegenstand von Lob und richtig zu sein) sind Kennzeichen der Tugend. Die Tugend ist also eine Art von Mitte, da sie auf das Mittlere zielt. ... Leicht ist es, den Zielpunkt zu verfehlen, schwer aber ihn zu treffen. Auch deshalb gehören Übermaß und Mangel zum Laster, die Mitte dagegen zur Tugend: „Denn Menschen sind gut auf nur eine Art, schlecht aber auf viele."

Die als gut und tugendhaft definierte „rechte Mitte" zwischen zwei Extremen erreicht man somit laut Aristoteles nicht durch einen Integrationsprozess, sondern durch ein beständiges Bestreben danach, zwei zueinander in Spannung stehende Werte auszubalancieren und deren Mitte zu finden.

Dies bedeutet aber zugleich, dass es sich hierbei um einen anstrengenden und beschwerlichen Prozess handelt, der nie ein wirkliches Ende findet.

Ein weiterer berühmter Vertreter der „goldenen Mitte" war Buddha: Nachdem diesem die Erleuchtung zuteil geworden war, verkündete er bereits in seiner ersten Lehransprache die Vorzüge des sogenannten „mittleren Pfades", in dem er dafür plädierte, die Extreme der Sinnlichkeit und Askese zu vermeiden:

„Zwei Extreme sind, ihr Mönche, von Hauslosen nicht zu pflegen. Welche zwei? Bei den Sinnendingen sich dem Anhaften am Sinnenwohl hingeben, dem niederen, gemeinen, gewöhnlichen, unedlen, heillosen; und sich der Selbstqual hingeben, der schmerzlichen, unedlen, heillosen. Diese beiden Extreme vermeidend, ist der Vollendete zum mittleren Vorgehen erwacht, das sehend und wissend macht, das zur Beruhigung, zum Überblick, zur Erwachung, zum Nirvāna führt."

Zur Verbildlichung dieser Haltung bediente er sich gerne des Vergleichs mit einem Saiteninstrument, das nur dann einen schönen Klang erzeugt, wenn die darauf angespielte Saite die richtige Spannung aufweist. Ist die Saite zu wenig gespannt, entsteht entweder gar kein Klang oder zumindest kein schöner. Ist sie dagegen zu stark gespannt, kann sie jeden Moment reißen. Das Ideal befindet sich somit zwischen beiden Extremen.

Buddha sprach sich somit deutlich aus gegen die Idealisierung der Askese und Weltabgewandtheit und die Verteufelung der Weltlichkeit, die zu Buddhas Zeiten in seiner Kultur unter spirituellen Suchern üblich war. Damit wählte er im Vergleich zur extremen Polarisierung, wie wir sie beim Umgang der christlichen Kirche mit dem Thema Gut und Böse gesehen haben, einen völlig anderen Weg im Umgang mit vermeintlichen Gegensätzen. Nicht das Verfolgen des positiven und das Vermeiden des negativen Pols soll das ultimative Gute ermöglichen, sondern der Mittelweg einer Mäßigung und Ausgewogenheit in allen Belangen.

b)　Das Ausgleichen des einen Pols durch das bewusste Berücksichtigen des Gegenpols

Ein anderer Vorschlag, um Ausgewogenheit, Glück und inneren Frieden zu finden besteht darin, einen ins Extrem laufenden Pol durch das bewusste Stärken bzw. Einbeziehen des Gegenpols auszugleichen.

Diese Idee findet man z.B. bei dem Dichter Johann Wolfgang Goethe, dem Psychologen Friedemann Schulz von Thun oder dem Astrologen Wolfgang Döbereiner.

Goethe empfahl die Einbeziehung des Gegenpols als wertvolles Element der Charakterformung und schrieb diesbezüglich in seiner Einleitung zu den Propyläen:

„... wir bilden uns nicht, wenn wir das, was in uns liegt, nur mit Leichtigkeit und Bequemlichkeit in Bewegung setzen. Jeder Künstler, wie jeder Mensch, ist nur ein einzelnes Wesen und wird nur immer auf eine Seite hängen. Deswegen hat der Mensch auch das, was seiner Natur entgegengesetzt ist, theoretisch und praktisch, insofern es ihm möglich wird, in sich aufzunehmen. Der Leichte sehe nach Ernst und Strenge sich um, der Strenge habe ein leichtes und bequemes Wesen vor Augen, der Starke die Lieblichkeit, der Liebliche die Stärke, und jeder wird seine eigne Natur nur desto mehr ausbilden, je mehr er sich von ihr zu entfernen scheint. Jede Kunst verlangt den ganzen Menschen, der höchstmögliche Grad derselben die ganze Menschheit."

Der deutsche Kommunikationswissenschaftler und Psychologe Friedemann Schulz von Thun bezog sich auf die gleiche Logik wie Goethe, beschrieb sie jedoch wesentlich detaillierter und empfahl sie als effektive Strategie, um Probleme zu beseitigen, die durch einseitige Übertreibung eines Poles entstanden sind. Hierfür griff er das sogenannte Wertequadrat von Paul Helwig auf, baute dieses in seinem Anwendungsspektrum aus und führte es zu weiter Verbreitung. Dieses Wertequadrat zeigt sehr überzeugend auf, dass die Pole eines vermeintlichen Gegensatzpaares einander ergänzen und ausgleichen, selbst wenn sie sich auf den ersten Blick zu widersprechen scheinen. Das Wertequadrat bezieht sich dabei in der Regel auf Gegensatzpaare menschlicher Persönlichkeitseigenschaften, Tugenden oder Werte, deren Zusammengehörigkeit durch den Begriff der „Schwestertugenden" gekennzeichnet wird, wie z.B. Vorsicht versus Kühnheit.

Dabei wird davon ausgegangen, dass jeder Wert (jede Tugend, jedes Leitprinzip, jede menschliche Qualität) nur dann seine volle konstruktive Wirkung entfalten kann, wenn sein positiver Gegenwert, bzw. seine "Schwestertugend" bis zu einem gewissen Grad berücksichtigt wird. Ohne diese

Berücksichtigung des Gegenpols, so lautet die Überlegung, verkommt ein Wert zu seiner entwerteten Übertreibung.

Nehmen wir hierfür ein Beispiel von Helwig, nämlich die beiden Pole „Sparsamkeit versus Großzügigkeit". Beide repräsentieren dabei Werte, die an sich gesehen positiv sind und nichts Problematisches an sich haben. Dies kann sich jedoch schnell ändern, wenn es zu einer zunehmenden Polarisierung kommt, in der die beiden Seiten jeweils in Extrem laufen und dabei die andere Seite völlig aus dem Blick verlieren. In diesem Fall verkommt jeder Wert zu einem Unwert, so dass sich in unserem Beispiel Sparsamkeit zu Geiz wandeln würde und Großzügigkeit zu Verschwendung.

Wenn nun eines der beiden Extreme vorliegt und zu Problemen führt, die man in den Griff bekommen möchte, liegt die Lösung in der Berücksichtigung des jeweiligen Gegenwerts.

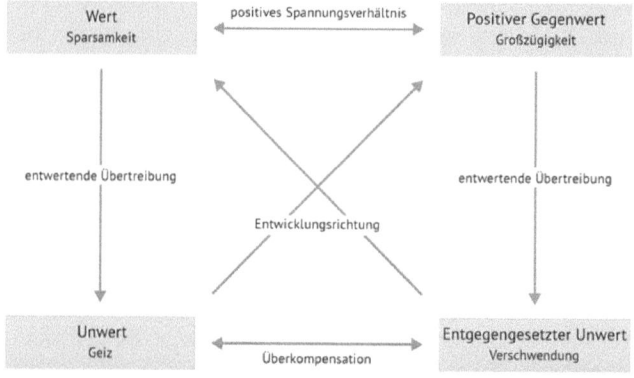

Das Gegenmittel zum Geiz wäre demnach die Entwicklung oder Integration einer gewissen Großzügigkeit und das Gegenmittel zur Verschwendung die Integration von etwas Sparsamkeit. Wie in der graphischen Darstellung ersichtlich, findet man die Entwicklungsrichtung zur Lösung immer in der Diagonalen des Wertequadrats.

Mit Hilfe des Werte- und Entwicklungsquadrates kann man somit für jede menschliche Qualität den notwendigen Gegenpol („Schwestertugend") finden, wobei erst die Ausgewogenheit zwischen beiden vor Einseitigkeit und Problemen bewahrt.

Nehmen wir als Beispiel die Pole Ehrlichkeit versus Takt und Sensibilität, dann ist unschwer nachzuvollziehen, dass Ehrlichkeit ohne Takt leicht zur brutalen Offenheit verkommen kann und Takt ohne Ehrlichkeit leicht zur höflichen Fassade. Die notwendigen Entwicklungsrichtungen wären hier im Fall der Verabsolutierung von Ehrlichkeit die Entwicklung oder Integration von etwas mehr Takt und Sensibilität; und im Fall, dass man Taktgefühl über alles stellt, den Mut auch mal ehrlich eigene Sichtweisen zu äußern.

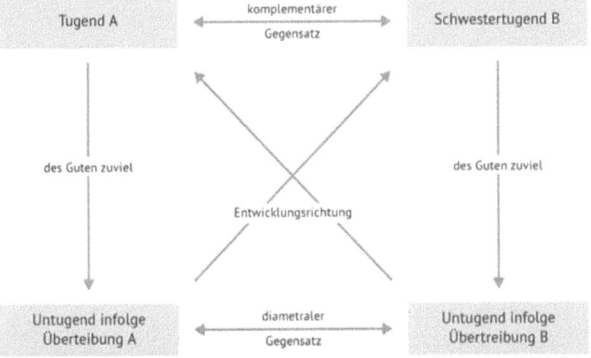

Das Werte- oder Entwicklungsquadrat deutet ganz klar darauf hin, dass viele menschliche Probleme durch die Integration der darin verborgenen Werte und deren polar entgegengesetzten Schwestertugenden gelöst werden können. Und auch wenn das Entwicklungsquadrat selbst keine Auskunft darüber gibt, wie diese Integration durchgeführt werden sollte, liefert es doch einige wertvolle Hinweise für die therapeutische Arbeit in Richtung Integration.

Zum einen zeigt es den Betroffenen, welche Schritte sie zur Verbesserung ihrer Lage unternehmen können. So täte z.B. ein krasser Egoist gut daran, wenn er vermehrt auch die Bedürfnisse anderer berücksichtigen würde, während sich jemand, der immer nur für andere da ist und selbst zu kurz zu kommen droht, durchaus einmal trauen darf, „nein" zu sagen und sich abzugrenzen.

Abgesehen davon ermöglicht das Entwicklungsquadrat den damit arbeitenden Personen, zu erkennen, dass sich hinter jeder Schwäche oder Untugend eine Tugend verbirgt, die ins Extrem ausgeufert ist. Dies ist sehr schön, da es Betroffenen durch diese Würdigung des Problems deutlich erleichtert wird, aus ihrer extremen Polarisierung heraus zu kommen. Hinter jedem Geizigen verbirgt sich nämlich einfach eine Person, die ihre Sparsamkeit übertreibt und hinter jedem Verschwender jemand, dessen Großzügigkeit ausgeufert ist.

Durch eine solche Sichtweise wird es für alle Beteiligten leichter, sich selbst und andere besser anzunehmen und mehr Verständnis für die Untugenden in dieser Welt aufzubringen. Schließlich wird einem dadurch bewusst, dass im Kern jeder Schwäche bzw. übertriebenen Eigenschaft eine Tugend verborgen liegt. In allem „Schlechten" befindet sich also auch etwas „Gutes".

Friedemann Schulz von Thun schreibt zu seinem Werte-und Entwicklungsquadrat deshalb: „Was ist mit einem solchen Wertequadrat gewonnen? Zum einen schärft es den Blick dafür, dass sich in dem beklagten Fehler nicht etwas „Schlechtes", („Böses", „Krankhaftes") manifestieren muss, das es „auszumerzen" gelte. Vielmehr lässt sich darin immer ein positiver Kern entdecken, dessen Vorhandensein zu schätzen ist und allein dessen Überdosierung (des Guten zu viel) problematisch erscheint. .... Zum anderen ist mit diesem Quadrat die Überzeugung verbunden, dass jeder Mensch mit einer bestimmbaren erkennbaren Eigenschaft immer auch über einen schlummernden Gegenpol verfügt, den er in sich wecken und zur Entwicklung bringen kann."

Aus diesem Grund geht es auch nicht darum, Menschen vom «Schlechten» zum «Guten» zu leiten, sondern von dem Guten, das sie bis zur Entstellung übertreiben, hin zu dem Guten, das als Ergänzung hinzukommen müsste und vielleicht noch unterentwickelt ist.

Ein dritter Vertreter der Haltung, dass man einen ins Extrem laufenden Pol durch das bewusste Einbeziehen des Gegenpols ausgleichen möge, war der Astrologe Wolfgang Döbereiner. Döbereiner wandte dieses Prinzip jedoch nicht auf den Bereich der Charakterentwicklung an, wie es Goethe tat, und auch nicht auf die Beseitigung von Persönlichkeitsproblemen, wie Friedemann Schulz von Thun, sondern es ging ihm um viel mehr.

Döbereiner half Menschen sein Leben lang dabei, ihre Bestimmung zu finden und zu erfüllen. Um die eigene Bestimmung leben zu können, müsse man, laut ihm, aber die jeweils vom Schicksal gegebenen Begrenzungen wahren. Diese Begrenzungen zu überschreiten würde bedeuten, dass man seine Bestimmung verlässt und dadurch Kräfte auf den Plan ruft, die den eigenen Untergang herbeiführen.

Hierzu sagte er zu seinen Schülern: „Mit dem Eintritt in die Zeitlichkeit wird ihre Endlichkeit Gestalt. Damit wissen sie, wo sie nicht hintreten dürfen, weil sie dann die Grenzlinie übertreten aus dem Endlichen ins Unendliche, wo sie nicht sein dürfen, jedenfalls nicht so, wie sie jetzt sind."

Um dieses Prinzip zu verdeutlichen bezog er sich im Weiteren auf die Titanic, jenes berühmte Schiff, das im April 1912 auf einen Eisberg lief und daraufhin unterging, was den Tod tausender Passagiere zur Folge hatte.

„Das haben wir genannt den Titanic-Effekt... Die Titanic ist als Schiff geplant gewesen, aber bei der Jungfernfahrt hat es plötzlich geheißen, dass sie unsinkbar sei. Was musste also die Titanic tun, um wieder ein Schiff zu werden? Sie musste sinken. Sie musste sich in die Pole des Endlichen zurückbringen, sie musste sinken können."

Und an anderer Stelle:

„Die haben damals gesagt, die Titanic wäre unsinkbar. Es gehört aber zur Wirklichkeit eines Schiffes, untergehen zu können. Wenn es nicht untergehen kann, ist es kein Schiff. Ergo musste es untergehen, um wieder ein Schiff zu werden. Es ist von Anfang an gebaut worden, um unterzugehen."

In seinem Werk beschrieb Wolfgang Döbereiner folgerichtig immer wieder die unselige Tendenz der Menschen, im Rausch neuer technischer Möglichkeiten sofort alles was machbar ist, ohne Rücksicht auf die Folgen in die Tat umzusetzen. Dieser Drang, um jeden Preis Wachstum, Fortschritte und Erfolge erzielen zu wollen, und dabei jegliche Vernunft und Ethik über Bord zu werden, sowie jegliches Maß zu verlieren, löst laut Döbereiner den „Titanic Effekt" aus. Hierdurch wird dem, was bereits jegliche gesunde Grenze überschritten hat, auch in der Realität jegliche Grenze entzogen, was natürlich zugleich seinen Untergang bedeutet.

Döbereiner rät uns dringend, immer auch die Möglichkeit des Scheiterns mit einzubeziehen, wenn wir Erfolg haben wollen. Er rät uns, unsere Grenzen zu wahren, unser Maß zu finden und uns innerhalb unserer Bestimmung zu bewegen. Mit diesem Rat geht es ihm jedoch nicht nur um den inneren Frieden, den Erfolg und das Glück des Einzelnen, sondern um das Überleben der gesamten Menschheit.

c) Das Gute im Schlechten erkennen (und das Schlechte im Guten)

Eine andere Strategie, die eingesetzt werden kann, um inmitten einer Welt der Gegensätze und Widersprüche Frieden und Glück zu finden, besteht darin, in allem vermeintlich Negativen etwas Gutes zu finden.

Diese Strategie, die auf den Taoismus zurückgeht, kann sowohl bei der Konfrontation mit menschlichem Problemverhalten als auch im Fall von negativen Ereignissen oder Umständen angewendet werden.

Im Umgang mit unerwünschten Situationen findet man diese Strategie in abgeschwächter Form im lösungsorientierten Ansatz der Psychotherapie wieder, in dem empfohlen wird, mit der Aufmerksamkeit nicht auf den problematischen Aspekten einer Situation zu verweilen, sondern sie stets auf die Frage zu richten, welche Handlungsmöglichkeiten unter den gegebenen Umständen offen stehen.

Hier würde man also zunächst versuchen herauszufinden, ob man gegen die vorliegende leidvolle oder unerwünschte Situation etwas tun kann oder nicht. Wenn ja, sollte man alles in seiner Macht stehende unternehmen, um sie zum Besseren zu beeinflussen. Ist dies jedoch aus irgendeinem Grund nicht möglich, sollte man sie akzeptieren und sich vornehmen, das Beste daraus zu machen, so wie wir es oben bei dem taoistischen Bauern gesehen haben.

Diese Haltung wird sehr schön durch das sogenannte Gelassenheitsgebet wiedergespiegelt, dessen Urheberschaft nicht geklärt ist und das sinngemäß etwa folgendermaßen lautet: „Gott, gib mir die Gelassenheit, Dinge hinzunehmen, die ich nicht ändern kann, den Mut, Dinge zu ändern, die ich ändern kann, und die Weisheit, das eine vom anderen zu unterscheiden."

Bei dem Versuch, das Gute im Schlechten zu erkennen, geht man jedoch noch einen Schritt über den lösungsorientierten Ansatz hinaus und sucht direkt nach den Vorteilen der Problemsituationen auf das eigene Leben oder das Leben von anderen. An dieser Stelle könnte man einwenden, dass das Erkennen von Vorteilen, die sich aus negativen Lebensereignissen ergeben, schwer nach Wunschdenken aussieht.

Laut Professor Richard Wiseman, einem britischen Psychologen und „Glücksforscher" gibt es jedoch einige Belege dafür, dass diese Vorteile real sind und verweist dabei auf Forschungsergebnisse, die belegen, dass einige positive Charakterzüge wie z.B. Dankbarkeit, Hoffnung, Freundlichkeit und Fähigkeit zur Teamarbeit, bei Amerikanern nach den Terroranschlägen vom 11. September 2001 zunahmen. Darüber hinaus verweist er auf andere Arbeiten, die zeigen konnten, dass die Überwindung einer ernsten körperlichen Krankheit zu größerer Tapferkeit, Neugier, Fairness, mehr Humor und intensiverer Würdigung von Schönheit führen kann.

Zudem zitiert er in seinem Buch „Wie sie in 60 Sekunden ihr Leben verändern" interessante Ergebnisse zum Thema „Umgang mit Ärger und Aggressionen". Es zeigte sich nämlich in vielen Studien, dass das Ausagieren von Wutgefühlen wie z.B. durch das Einschlagen auf ein Kissen Gefühle der Aggression eher verstärkt, anstatt sie zu vermindern. Dagegen ist es möglich, solche Gefühle deutlich zu reduzieren, wenn man sich auf die Vorteile konzentriert, die sich aus den scheinbar negativen Ereignissen ergaben, die den Ärger verursacht haben.

Wenn es um problematische Verhaltensweisen geht, lohnt es sich, die Grundannahme des Mitbegründers des NLP (Neuro-Linguistisches Programmieren), Richard Bandler, zu beherzigen, die besagt, dass hinter jedem Verhalten eine gute Absicht steckt, auch wenn es noch so negativ, sinnlos, hinderlich oder merkwürdig erscheinen mag. Hinter einem aggressiven Akt könnte aus dieser Sicht z.B. die positive Absicht stehen, etwas zu beseitigen, was einem im Weg steht, sich gegen eine Grenzverletzung zur Wehr zu setzen, eine Kränkung abzuschütteln, sich selbst und anderen die eigene Stärke beweisen, etc. Eine Panikattacke könnte dagegen z.B. als übertriebener Versuch betrachtet werden, sich vor einer Erfahrung zu schützen, die einen komplett überfordern könnte.

Auch die berühmte Familientherapeutin Virginia Satir machte von dieser Haltung Gebrauch und versuchte in ihrer Praxis immer, das Wertvolle im Problematischen zu entdecken. So sah sie z.b. im Egoismus eine Art der Unabhängigkeit, die es durchaus wert sein könnte, bewahrt zu werden und in der Überaufopferung einer Mutter eine ausgeprägt Mitmenschlichkeit, der sie Bewunderung zollte.

Im Kapitel der Techniken finden sie an späterer Stelle in diesem Buch noch eine Polaritäten-Integrations-Methode („Ivana Ende der Worte"), mit deren Hilfe man das Gute im Schlechten sehr schnell aufspüren und beide Pole dabei ohne großen Aufwand integrieren kann.

d) Das abwechselnde Anvisieren erst des einen und dann des anderen Pols

Eine weitere Strategie des Umgangs mit unvereinbaren Gegensätzen, die von vielen Menschen spontan angewendet und auch von Psychotherapeuten oft empfohlen wird, besteht darin, die beiden Pole einer Polarität in zeitlicher Abfolge abwechselnd zu verwirklichen.

Auch wenn es dabei natürlich zu keiner Integration der beiden Optionen kommt, kann dies eine gute Lösung sein, wenn es z.B. um Dilemma-Situationen geht. Denn nehmen wir einmal an, sie wollen gerne Urlaub in den Bergen machen und ihr Partner fährt lieber ans Meer. Dann würde ein Kompromiss wie z.B. ein Urlaub auf dem Bauernhof beide Personen frustrieren und die einseitige Entscheidung für den Urlaub in den Bergen Ihren Partner. Entscheiden sie sich dagegen für die Variante, in diesem Jahr ans Meer und im nächsten Jahr in die Berge zu fahren, kommt jeder einmal auf seine Kosten und niemand muss sich benachteiligt fühlen. Die gleiche Strategie eignet sich auch bei immer wiederkehrenden Situationen, in denen man verschiedene Verhaltensimpulse hat. Hier kann es ebenfalls sehr hilfreich sein, einmal das eine Verhalten zu erproben und später das andere, um vergleichen zu können und keinen der eigenen Persönlichkeitsanteile dauerhaft unterdrücken zu müssen. Die Strategie des abwechselnden Anvisierens der beiden Pole einer Polarität eignet sich somit sehr gut als Waffe gegen das Problem der Einseitigkeit und gegen die Gefahr, dass beide Pole in Konflikt miteinander geraten.

Belassen wir es an dieser Stelle bei den genannten typischen Variationen des Umgangs mit Polaritäten und kommen wieder zurück zur Polaritäten-Integration. All die eben beschriebenen Strategien führen mit der Zeit nämlich sicherlich zu einer Harmonisierung der eigenen Persönlichkeit, der eigenen Beziehungen und des eigenen Lebens, doch sind sie nicht geeignet, um Polaritäten kurzfristig zu integrieren.

Polaritäten und emotionale Ladung

Warum aber sollten wir Polaritäten überhaupt integrieren? Die Antwort ist, dass uns die Ladung, die wir in Bezug auf ihre Pole haben, unaufhörlich in Schwierigkeiten bringt und belastet. Je nach Art der Polarität erleben wir nämlich sowohl in der Welt, in den Menschen und in uns selbst immer wieder Widersprüche und Unvereinbarkeiten, die uns in Stress versetzen und uns Entscheidungen abverlangen, die nicht selten negative Folgen haben. Darüber hinaus bekämpfen wir sehr häufig den einen Pol einer Polarität und versuchen ihn verzweifelt zu unterdrücken, zu vermeiden oder für immer los zu werden. Da dies aber offensichtlich nicht möglich ist, leben wir ständig in der Angst, dass diese Pole gegen unseren Willen wieder auftauchen und uns bedrängen.

Wichtiger aber noch als die Frage, um welche Art von Polarität es sich jeweils handelt, ist:

- wie ich die Pole der jeweiligen Polarität bewerte und welche Gefühle ich ihnen gegenüber hege, und
- wie drastisch meine Bewertungen sind und wie intensiv ich meine diesbezüglichen Gefühle erlebe.

Denn das was uns im Leben beunruhigt, sind niemals die Dinge selbst, sondern die Art und Weise, wie wir diese Dinge sehen (wie schon der Stoiker Epiktet ca. 100 Jahre vor Christi Geburt erkannte).

Dieser Regel entsprechend erleben wir Polaritäten, die für uns keine Bedeutung haben, auch als neutral und unsere emotionale Ladung nimmt zu, je wichtiger uns eine Polarität ist. Häufig nehmen wir Polaritäten, die uns zu einem gegebenen Zeitpunkt bedeutungslos erscheinen, nicht einmal wahr oder schenken ihnen einfach keine Beachtung. So könnte es z.B. sein, dass mir die Polarität „nach links gehen versus nach rechts gehen" bei einem netten Spaziergang über Wiesen und Felder völlig egal ist.

Messen wir einer Sache oder Situation dagegen eine Bedeutung oder einen persönlichen Wert zu, sieht das ganze sofort völlig anders aus. Stehe ich statt auf einer Wiese nämlich z.B. ungesichert am Rand eines gähnenden Abgrunds, der rechts von mir in die Tiefe reicht, werde ich unbedingt nach links gehen wollen und in Panik verfallen, wenn ich daran denke, nach rechts zu gehen.

Grundsätzlich ist das Ausmaß der eigenen emotionalen Ladung dabei immer gleich stark auf beide Seiten eines Themas hin verteilt. Je mehr mir also etwas bedeutet, desto mehr bedeutet mir auch sein Gegenpol. Je unwichtiger mir dagegen etwas ist, desto weniger wichtig ist mir auch sein Gegenpol. Wenn ich also, um bei dem Beispiel von eben zu bleiben, mit einer Dringlichkeit von 10 Punkten nach links gehen will, dann will ich automatisch mit der gleichen Dringlichkeit von 10 Punkten nicht nach rechts gehen.

Typische Varianten der Polarisierung

Diese Art der Polarisierung, nämlich einen Pol positiv zu bewerten und einen negativ, ist dabei die vielleicht am weitest verbreitete Variante. Sie entspricht dem Lust-Unlust-Prinzip und bildet die Grundlage für jegliche Form der Einseitigkeit und Sorge. Tendenziös neigen wir nämlich alle dazu, bei bestimmten Themen jeweils einen Pol einer Polarität als erwünscht und begehrenswert zu betrachten, während wir den anderen eher abwerten, vermeiden oder gar fürchten. So streben wir z.B. nach Erfolg und hoffen darauf, dass uns jegliches Scheitern erspart bleibt. Oder wir wünschen uns Sicherheit und Gesundheit und fürchten Kontrollverlust und Krankheit. Eine solche Haltung erzeugt natürlich Stress und Sorgen, da die permanente Errungenschaft von Erfolg, Sicherheit und Gesundheit so gut wie unmöglich ist und der befürchtete Gegenpol nie ganz ausgeschlossen werden kann und immer im Hintergrund auf uns lauert.

Pol 1 = positiv   ---------   **Pol 2 = negativ**

Typische Beispiele für diese Art der Polarisierung sind:

Reichtum versus Armut:	reich sein wollen / Armut fürchten
Gesundheit versus Krankheit:	gesund sein wollen / Krankheit fürchten
Erfolg versus Versagen:	Erfolg haben wollen / Versagen fürchten
Attraktivität versus Hässlichkeit:	attraktiv sein wollen / nicht hässlich sein wollen
Wohlgefühl versus Schmerz:	sich gut fühlen wollen / keinen Schmerz fühlen wollen

Allerdings gibt es auch noch andere Möglichkeiten der Polarisierung, die naturgemäß zu anderen Problemen führen. Eine davon besteht darin, dass wir uns zwischen zwei Werten, Zielen, Handlungen oder Situationen entscheiden müssen, die uns beide attraktiv erscheinen, sich aber gegenseitig auszuschließen scheinen. Dann haben wir ein klassisches Dilemma mit dem Problem, die richtige Entscheidung treffen zu müssen und auf eine der beiden Optionen verzichten zu müssen. Auch dies erzeugt Stress, da wir erstens nie wissen, ob wir unsere Entscheidung später nicht bereuen werden und da uns der Verzicht auf die andere Alternative immer oft mehr oder weniger schmerzt. Ein typisches und weit verbreitetes Beispiel für eine solche Dilemma-Polarität ist Liebe und Freiheit. Vielen Menschen sind nämlich beide Werte sehr wichtig und wertvoll, doch haben sie immer wieder das Gefühl, sich zwischen den beiden entscheiden und dafür zugleich auf das jeweils andere verzichten zu müssen.

Pol 1 = positiv --------- **Pol 2 = positiv**

Typische Beispiele für diese Art der Polarisierung könnten sein:

Bindung versus Freiheit:	einerseits will ich heiraten, andererseits will ich meine Freiheit behalten
Planung versus Spontaneität:	ich will die Kontrolle über alles haben aber zugleich auch Abwechslung und etwas Überraschung
Ehrlichkeit versus Rücksichtnahme:	ich will gerne ehrlich sagen was ich denke, will mein Gegenüber aber nicht verletzen

Eine Abwandlung dieser Dilemma-Polarisierung liegt vor, wenn wir unsere Aufmerksamkeit nicht auf die Vorteile der beiden Pole richten, sondern auf deren Nachteile. Dann erleben wir die Situation so, als müssten wir uns zwischen zwei Werten, Zielen, Handlungen oder Möglichkeiten entscheiden, die uns beide nicht gefallen. In diesen Fällen fühlen wir uns zumindest unwohl, wenn nicht sogar hilflos und bewerten die Situation im Extremfall sogar als ausweglos.

Pol 1 = negativ --------- **Pol 2 = negativ**

Typische Beispiele für diese Art der Polarisierung könnten sein:

In einer Beziehung leiden versus allein sein:	ich will nicht mehr unglücklich gebunden sein, mich aber auch nicht von meinem Partner trennen
Bei meinen Steuerangaben ehrlich sein versus betrügen:	ich will nicht so viel Steuer zahlen, aber auch nicht betrügen
Kämpfen versus Nachgeben:	ich hasse es, kämpfen müssen, will aber auch nicht immer nachgeben

Die vierte und oft unangenehmste Version der Polarisierung ist aber immer dann gegeben, wenn wir uns zwischen zwei Werten, Zielen, Handlungen oder Situationen entscheiden müssen, die wir beide jeweils sowohl positiv bewerten als auch negativ. Diese Variante, in der jeder Pol nochmal polarisiert ist, liegt in der Regel bei allen hartnäckigen und chronischen Problemen vor und ist häufig die Grundlage psychischer Störungen und psychosomatischer Erkrankungen. Denn egal in welche Richtung man sich in solch einem Fall bewegt, man fühlt sich unglücklich und hilflos.

Pol 1 = positiv und negativ --------- **Pol 2 = positiv und negativ**

Typische Beispiele für diese Art der Polarisierung könnten sein:

Süchte aller Art (z.B. Alkoholsucht):	trinken ist gut, da es eine angenehme Wirkung auf mich hat und schlecht, da ich Probleme dadurch bekomme / nicht trinken ist gut, da ich dann all die Nebenwirkungen nicht mehr habe, aber auch

	schlecht, da ich dann auf mein Vergnügen verzichten muss, was ich nicht will
Chronische Partnerschaftsprobleme:	beim Partner bleiben ist gut, da ich dann nicht allein bin und finanzielle Vorteile habe, aber auch schlecht, da wir uns das Leben gegenseitig zur Hölle machen / mich trennen wäre gut, da ich dann endlich ein neues Leben anfangen könnte, aber auch schlecht, weil ich in finanzielle Schwierigkeiten geraten könnte und eventuell Einsamkeit nicht ertrage.

Wenn man emotionale und mentale Probleme mithilfe der Polaritäten-Integrations-Methoden erfolgreich beseitigen will, ist es deshalb immer wichtig zu überprüfen, ob Polarisierungen des letzten Typs vorliegen. Da in diesen Fällen eine einfache Integration oft wirkungslos ist, sollten hier immer auch die Sekundär-Polarisierungen integriert werden. Und um diese zu erkennen und zu bearbeiten bedarf es oft der Hilfe von jemandem, der Erfahrung damit hat.

Wie man unschwer erkennen kann, haben also alle Arten der Polarisierung ihre Tücken und führen ausnahmslos zu emotionaler und mentaler Ladung und Unrast. Was meiner Überzeugung nach allerdings noch viel schwerer wiegt, ist die von einigen Mystikern behauptete Tatsache, dass die Wahrnehmung von Polaritäten durch innere Bewertungsprozesse das Gefühl erzeugt, vom Rest der Welt getrennt zu sein. Und Trennung erzeugt Angst.

Polaritäten-Integration als Lösung?

Was aber passiert, wenn wir mit den beiden Polen einer Polarität ausgesöhnt sind bzw. wenn wir mit beiden gleichermaßen einverstanden sind, ohne sie zugleich emotional hoch zu bewerten? Dann hört die entsprechende Polarität auf, ein Problem für uns darzustellen und unser Denken muss sich nicht mehr damit beschäftigen oder nach Lösungen dafür suchen. Die innere Anspannung, die dadurch genährt wurde, dass wir den einen oder anderen Pol entweder unbedingt erreichen oder vermeiden wollten, löst sich auf und wir können uns wieder entspannen und problemlos an andere Dinge denken. Wir erlangen die Freiheit zurück, Entscheidungen wieder sachlich zu treffen und nicht mehr Angst oder Gier motiviert. Und wir fühlen uns von der Welt nicht mehr ständig bedroht, sondern erleben sie zunehmend als einen freundlichen Ort, an dem die Dinge einfach so sind wie sie sind.

An diesem Punkt tritt man in einen Zustand ein, der im Taoismus als ein Leben im Tao beschrieben wird.

Der Taoist Theo Fischer schreibt darüber:

„Der Mensch des Tao empfindet gegenüber seiner Außenwelt weder Furcht noch Abneigung. Er hat begriffen, dass er und seine Welt und der Lauf der Dinge – auch der unangenehmen – der gleiche Vorgang sind. Weil sein Ich nicht mehr die Hauptrolle spielt, fühlt er sich den Ereignissen eng verbunden und stößt sie nicht mehr von sich, wenn sie eintreten. Er nimmt sie wie sie sind und kämpft nicht gegen sie an oder versucht sie festzuhalten."

Der indische Mystiker Osho schreibt dazu:

„Was auch immer geschieht, geschieht. Man ist ohne Erwartung und deshalb ohne Enttäuschung. Das Leben strömt dahin. Man hat kein Ziel zu erreichen, denn jedes Ziel bedeutet Anstrengung. Man will nirgendwo hin, denn dies würde bedeuten, nicht dort sein zu wollen wo man ist. Man lässt all dies los. Und in dieser Hingabe geschieht Alles." Und „In der Mitte zwischen den Polen zu leben heißt, das Ganze durch sich leben und wirken zu lassen. Dann ist man nicht mehr derjenige, der atmet, sondern man wird vom Ganzen geatmet. Alles ist ein einziger Segen. Nichts worüber man sich noch Sorgen machen könnte."

Was erlebt man bei der Integration

Bei der erfolgreichen Anwendung der Polaritäten-Integrations-Methoden, die in diesem Buch angeführt sind, erlebt man die jeweiligen Pole der gewählten Polarität zunächst so intensiv wie möglich in all ihren subjektiven Facetten. Dabei wird die gesamte diesbezüglich vorhandene emotionale Ladung im Körper aktiviert, wodurch man in der Regel erst einmal starke positive und negative Gefühlszustände erlebt. Wenn sie z.B. die Pole Liebe versus Angst integrieren, fühlen und erleben sie abwechselnd alles, was bei ihnen in Hinblick auf Liebe und Angst im Erleben auftaucht. Worauf dabei der Fokus gerichtet wird, hängt allerdings von der jeweilig angewendeten Technik ab (mehr dazu im Kapitel der Techniken).

Nach einer Weile kommt während des Prozesses dann irgendwann ein Punkt, an dem die emotionale Reaktion sowie auch alle anderen Erlebnismodi wie Körpersensationen, Gedanken, Bilder, Geschmäcker und Gerüche entweder plötzlich oder allmählich schwächer werden. Die Liebe wird dabei vielleicht zu sanfter Zuneigung und die Angst zu leichtem Unbehagen. Im Moment der Integration lassen sich schließlich keinerlei innere Reaktionen mehr auf die beiden gewählten Pole aktivieren. Man ist quasi total „blank".

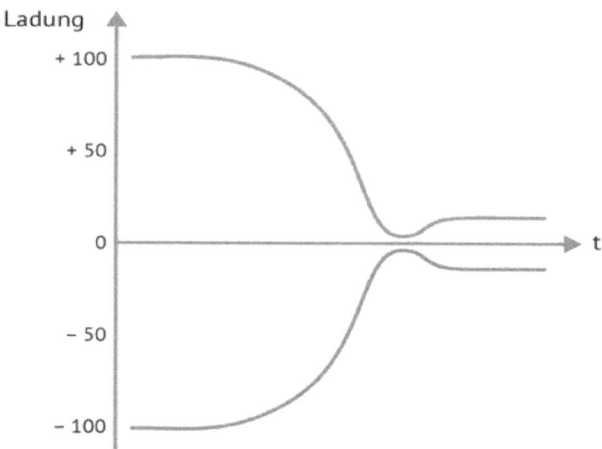

Wie intensiv dieses „Blanksein" erlebt wird und wie lange es anhält, hängt dabei von der jeweils angewandten Technik, von der gewählten Polarität und dem jeweiligen Anwender ab.

> „Nur im ruhigen Teich spiegelt sich das Licht der Sterne."
>
> (Buddha)

Die schwächste Integrationserfahrung besteht in einem Gefühl der Gelassenheit gegenüber beiden Polen. Was den Anwender zuvor noch mehr oder weniger stark bewegt hat, ist ihm dann plötzlich unwichtig und er freut sich höchstens noch über die eingetretene Erleichterung.

Bei stärkeren Integrationserfahrungen fühlt man sich je nach Veranlagung entweder einfach völlig präsent, mit tiefem Frieden erfüllt, oder aber in einem unendlichem Licht gebadet.

Die stärksten Integrationserfahrungen katapultieren einen dagegen in grenzenlose Daseinszustände. Darüber hinaus kenne ich aber auch einige Menschen, die völlig andere Erfahrungen machten, die aber in der Regel nicht zu erwarten sind.

Wenn man die Analogie eines Kinofilms zur Veranschaulichung dieser Erfahrungen heranzieht, könnte man sagen, dass die Inhalte der Polaritäten (z.B. Liebe versus Angst) unsere Aufmerksamkeit im Alltag auf ähnliche Art fixieren, wie ein Kinofilm im Filmsaal. Wenn wir im Kino sitzen und uns einen Film ansehen, folgen wir mit unserer Aufmerksamkeit nämlich ausnahmslos dem auf die Leinwand projizierten Inhalt des Films, ohne jemals die Projektionsfläche zu bemerken, nämlich die Leinwand, die das Filmvergnügen überhaupt erst ermöglicht. Ebenso verhält es sich mit unseren emotionalen Reaktionen auf die Polaritäten in unserem Leben. Sie sind der Grund dafür, dass es uns fast unmöglich ist, die Einheit zu bemerken, die allen Polaritäten zugrunde liegt.

Die Integration einer Polarität entspräche in dieser Analogie nun dem Anhalten des Kinofilms. Wenn der Film angehalten wird, endet die eigene emotionale Involvierung in die Filmhandlung und es wird wesentlich leichter, die Leinwand zu erkennen. Die oberflächlichste Erfahrung wäre dann ein Erkennen der Leinwand bei gleichzeitigem Desinteresse daran. Die tiefere Erfahrung bestünde dann darin, zu erkennen, dass die Leinwand ein neutraler Ort ist, auf den man alles projizieren kann, was man will. Im Fall der Polaritäten-Integration würde man also erkennen, dass alles gut ist wie es ist und dass die Leinwand in Wirklichkeit überall ist. Die tiefste Erfahrung bestünde schließlich darin, dass man erkennt, dass man selbst die Leinwand ist und dass alle Unterscheidungen eine Art Illusion sind.

Über diese Erfahrung schreibt der Mystiker Vladimir Stojakovic:

„Im selben Moment, in dem man sich nicht mehr mit dem Ego bzw. der eigenen emotionalen und mentalen Ladung identifiziert, erfährt man sich als Nichts, das weder Materie, Energie, Raum oder Zeit einnimmt, sondern als reines und unbegrenztes Bewusstsein existiert. Und man erfährt, dass es zwischen dem eigenen Nichts-Sein im Inneren und dem Nichts im Außen keine Grenzen und keinen Unterschied gibt."

Nach einer erfolgreichen Polaritäten-Integration bleibt das Gefühl, völlig „blank" zu sein bzw. das Einheitsgefühl in der Regel jedoch nur für sehr kurze Zeit erhalten. Danach hängt das Resultat davon ab, wie spezifisch die gewählte Polarität formuliert war, die man zur Integration ausgewählt hatte. Bei sehr allgemeinen Polaritäten wie Liebe versus Angst spürt man danach natürlich noch immer Liebe und Angst, doch rennt man der Liebe nicht mehr mit der gleichen Intensität nach und die Angst wird ebenfalls nicht mehr so sehr gefürchtet und abgewehrt. Vielmehr sieht man beide Pole relativ gelassen und fühlt sich ihnen gegenüber ausgesöhnter. Diese Gelassenheit und innere Aussöhnung vertieft sich und lässt sich durch wiederholte Anwendung der Polaritäten-Integrations-Methoden auf die gleiche Polarität noch weiter verstärken. Ist die bearbeitete Polarität dagegen sehr spezifisch formuliert, wie z.B. bei „ich liebe Susi und habe Angst, sie zu verlieren", dann bleibt die Liebe erhalten, doch die Verlustangst lässt nach oder verschwindet nach vollständiger Integration sogar völlig.

Da wir unseren Ängsten jedoch aus Gewohnheit immer wieder neues Futter geben und somit Gefahr laufen, sie neu zu erschaffen, ist es oft notwendig, sie mehrmals zu bearbeiten und auch die Situationen, in denen man sie erneut erschafft. Taucht ein Problem trotz wiederholter Integration dennoch immer wieder auf, dann heißt das nicht unbedingt, dass die Integrationsarbeit umsonst war. Vielmehr weist dies meist auf einen dringenden Handlungsbedarf hin, bzw. darauf, dass man eine Situation verändern muss, die für das eigene Wohlergehen nicht tragbar ist.

Schließlich wäre es eine Illusion anzunehmen, dass sämtliche negativen Auswirkungen einer unglücklichen Partnerschaft oder einer krank machenden Arbeitssituation einfach durch die Anwendung einer Methode beseitigt werden könnten. Dennoch kann man ungünstige Umstände dank der Polaritäten-Integration mit mehr Gelassenheit annehmen, wenn sie sich nicht ändern lassen sollten. Und man kann sich leichter aus ihnen befreien, falls man bisher aus Angst vor den Konsequenzen der Veränderung nicht gehandelt haben sollte. So sind die Aneignung einer taoistischen Lebenshaltung und die Anwendung von Polaritäten-Integrations-Methoden für unseren inneren Frieden auf jeden Fall von außerordentlichem Wert.

Der holistische Ansatz bei der Polaritäten-Integration

Die Integration von Polaritäten zielt darauf ab, die Einheit hinter den wahrgenommenen Gegensätzen und Unvereinbarkeiten freizulegen bzw. erfahrbar zu machen. Wenn man zumindest theoretisch akzeptiert, dass all unsere Probleme auf den dualistischen Charakter unserer Lebenswelten zurückzuführen sind, wird deutlich, dass wir den Grundpfeilern unseres dualistischen Universums nämlich Raum, Zeit und Kausalität, besondere Aufmerksamkeit schenken sollten, wenn wir an den Kern der Problematik vordringen wollen.

Im Hinblick auf unsere seelischen Nöte und Probleme spielt der Faktor „Raum" insofern eine wichtige Rolle, da durch ihn die Polarität „ich versus andere" möglich wird. Dadurch werden wiederum erst alle Probleme möglich, die wir mit anderen Menschen, anderen Lebewesen und sonstigen von außen auf uns einwirkenden Kräften haben. Erst durch die Polarität „ich versus andere" sind aber auch weitere Polaritäten möglich, die unsere Probleme mit dem Nicht-Ich noch mehr anheizen, wie die Polarität „Täter versus Opfer", „Täter versus Zuschauer", „Helfer versus Opfer" etc.

Genau diese Polaritäten sind für uns Menschen jedoch besonders problematisch, da sie in jedem Konflikt mit anderen mitschwingen, wobei sich die beiden Pole oft extrem unversöhnlich gegenüberstehen. Wenn ich z.B. von einer anderen Person attackiert werde, fühle ich mich sofort als Opfer des anderen, der durch seine Tat automatisch Täter ist und erlebe ihn definitiv als jemanden, der in völligem Gegensatz zu mir steht. In der Rolle des Opfers erlebe ich logischerweise auch völlig andere Gefühle,

Körperreaktionen, Gedanken und inneren Szenen als in der Täterrolle und all diese inneren Reaktionen werden solange fortbestehen, wie ich die Perspektive des Opfers einnehme.

Wenn ich meine belastenden und womöglich traumatischen Erinnerungen an die Attacke durch den anderen später therapeutisch bearbeiten will, ist es im Sinne der Polaritäten-Integration von größtem Wert, wenn es mir dabei gelingt, meine eigene (Opfer-)Perspektive zu verlassen und auch alle anderen am Problem beteiligten Perspektiven mit einzubeziehen. Dies wäre auf jeden Fall die Perspektive des Täters und für den Fall, dass Zeugen bzw. Zuschauer anwesend waren, auch deren Perspektive.

> „Bevor ein guter Mensch einem schlechten Menschen helfen kann, muss er in sich selbst erst das entdecken, was bei dem schlechten Menschen nicht in Ordnung ist"
>
> (Lao Tse)

Wenn ich meine belastenden Erinnerungen an das Ereignis nämlich nur aus meiner Perspektive bearbeite, bleiben die Gegenpole der Erfahrung nämlich mehr oder weniger unberücksichtigt und können als meine Vermutungen über die möglichen Motive und Haltungen des Angreifers und der Zuschauer dazu führen, dass ich mich nie vollständig vom Problem befreien kann. So könnte es sein, dass ich mich nach der Bearbeitung des Vorfalls aus meiner Perspektive noch immer frage, wie sich Menschen nur so grausam wie der Angreifer verhalten können (was impliziert, dass ich das nicht könnte) und warum mir die Zuschauer nicht geholfen haben (was impliziert, dass ich aus ihrer Perspektive durchaus geholfen hätte). Wenn ich mich aber in alle relevanten Perspektiven versetze, was bedeutet, dass ich mich in ihre Situation so vollständig einfühle wie möglich, und die Situation dann auch aus diesen Perspektiven bearbeite, bleiben keine Trigger-Reize mehr übrig.. Ich habe das Problem nämlich sowohl aus der Opferperspektive als auch aus der Täter- und Zuschauerperspektive bearbeitet, so dass keine Perspektive mehr übrig ist, die ich ausschließen oder gegen die ich mich wehren würde.

Diese Art der Anwendung von Polaritäten-Integrations-Methoden wird von Zivorad Slavinski auch als integrales Prozessieren, zirkuläres Prozessieren, holistisches Prozessieren oder Karussell-Prozessieren bezeichnet und führt vor allem bei der Bearbeitung zwischenmenschlicher Probleme zu wesentlich besseren Resultaten als die ausschließliche Bearbeitung aus der Ich-Perspektive.

Das gleiche Prinzip gilt auch für den oben genannten zweiten Grundpfeiler unseres Universums, die „Zeit", an die der Faktor „Kausalität" gebunden ist. „Zeit" wird durch die Polaritäten „früher versus später", „jetzt versus nicht jetzt", „Vergangenheit versus Zukunft" etc. erlebbar und ist im Hinblick auf unsere seelischen Nöte und Probleme insofern wichtig, da es uns erst dadurch möglich ist, in der Gegenwart unter negativen Erfahrungen aus der Vergangenheit und Zukunft zu leiden.

Obwohl wir natürlich immer nur in der Gegenwart leben (die Vergangenheit ist bereits vorbei und die Zukunft ist noch nicht eingetreten), denken wir die meiste Zeit über Ereignisse nach, bzw. reden von Situationen, die entweder in der Vergangenheit stattgefunden haben oder irgendwann einmal eintreten werden. Dabei hat die Art unserer Gedanken, Erinnerungen und Zukunftsvisionen natürlich einen extremen Einfluss auf unsere gegenwärtige Befindlichkeit. Wenn ich mich an schöne Ereignisse erinnere oder freudig an meinen nächsten Urlaub denke, fühle ich mich im Hier und Jetzt sicherlich gut. Wenn ich allerdings über Dinge nachdenke, die in meiner Vergangenheit schief gelaufen sind, die schlimm und belastend waren, oder wenn ich mir eine problematische Zukunft ausmale, fühle ich mich auch im Hier und Jetzt schlecht.

Ich will an diesem Punkt natürlich nicht abstreiten, dass es sehr sinnvoll und wichtig sein kann, gelegentlich über negative Situationen aus der Vergangenheit nachzudenken, da man daraus im besten Fall wertvolle Lektionen lernen kann. Das gleiche gilt für sorgenvolle Gedanken im Hinblick auf die Zukunft, die helfen können, in der Gegenwart wichtige Entscheidungen zu treffen und zukünftiges Leid zu vermeiden.

Problematisch wird das Ganze jedoch, wenn man aufgrund ständiger negativer Erinnerungen und Zukunftssorgen nicht mehr bemerkt, dass es einem im Hier und Jetzt eigentlich gut geht bzw. gut gehen könnte, wenn man nur kurz die Beschäftigung mit negativen Gedanken aufgeben würde.

So ist es sicherlich nicht sinnvoll, sich gegenwärtig als Opfer oder schuldig zu fühlen, nur weil ich vor vielen Jahren in Situationen geraten bin, in der ich tatsächlich Opfer wurde oder folgenschwere Fehler begangen habe. Genauso wenig ist es sinnvoll, heute in Depressionen zu versinken, nur weil ich gelesen habe, dass die Sonne in einigen Milliarden Jahren explodieren und alles Leben auf der Erde zerstören wird.

Um den Faktor Zeit bei der Bearbeitung unserer seelischen Nöte und Probleme im Sinne der Polaritäten-Integration zu berücksichtigen, ist es daher von großem Wert, auch hier die Perspektive zu wechseln und das Problem aus der Perspektive der jeweiligen Situation zu bearbeiten, in der es entstand. Man sollte also zum Zeitpunkt des problematischen Ereignisses zurückkehren, indem man sich fühlt, wie man sich damals gefühlt hat, denkt, was man damals gedacht hat, sieht, was man damals gesehen hat, etc. und das Problem aus dieser Perspektive heraus bearbeiten. Dieses Vorgehen wird in der Psychotherapie als Regression bezeichnet und oft als wesentliches Element für eine Genesung angesehen. Durch diesen Schritt nimmt man die emotionale Ladung aus den Erinnerungen, so dass man sich in der Gegenwart zwar durchaus noch an das Ereignis erinnern kann, allerdings ohne dadurch stark negative Reaktionen auszulösen.

Ähnlich kann man auch im Hinblick auf negative Ereignisse vorgehen, von denen man fürchtet, dass sie in der eigenen Zukunft eintreten könnten. Unbedingt erforderlich ist es jedoch, nach jedem Polaritäten-Integrations-Prozess zu überprüfen, ob man glaubt, dass das bearbeitete Problem gegen den eigenen Willen in der Zukunft wieder auftauchen könnte. In diesem Fall ist das Problem nämlich noch nicht wirklich gelöst, sondern es liegt noch Restladung vor, die jedoch auf die Zukunft projiziert ist. Um diese Restladung zu beseitigen, soll man sich vorstellen, wie das Problem gegen den eigenen Willen wieder auftaucht und dann diese Situation mit einem weiteren Prozess bearbeiten.

Dieses Vorgehen ähnelt dem Futur-Pace aus dem NLP (= dem Neuro Linguistischen Programmieren) und anderen Therapieverfahren und ist für eine erfolgreiche Polaritäten-Integrationsarbeit essenziell.

Durch das integrale Bearbeiten seelischer Belastungen ist es möglich, die Polaritäten, die Raum, Zeit und Kausalität bilden, im Zusammenhang mit dem jeweiligen Problem weitgehend zu entladen. Dadurch erzielt man wesentlich bessere und stabilere Resultate als beim Prozessieren aus nur einer Perspektive und lernt nebenbei, sich in verschiedenste Standpunkte hinein zu versetzen, wodurch man ein umfassenderes Verständnis für die Realität um sich herum erlangt.

Abgesehen davon ist das zirkuläre Prozessieren für die psychische Gesundheit und die Entwicklung des Menschen in vielerlei Hinsicht von großem Wert und wir werden uns einige dieser Punkte in den nächsten Kapiteln etwas genauer betrachten.

Anregungen aus diesem Kapitel:

Vom Gedanken der Einheit aller Polaritäten:

Legen sie einen bestimmten Zeitraum fest, während dem sie auf Situationen, Personen oder Verhaltensweisen achten, die sie stören. Sobald sie während dieses Zeitraums bemerken, dass eine solche Gelegenheit eintritt, fragen sie sich, was an diesem vermeintlich negativen Erlebnis vielleicht gut sein könnte und finden sie möglichst viele Antworten.

Vom Taoistischen Bauern:

Legen sie einen bestimmten Zeitraum fest, während dem sie auf ihre automatischen Bewertungen im Hinblick auf Situationen, Personen oder Gegenständen achten. Sobald sie während dieses Zeitraums bemerken, dass sie ein extrem positives oder negatives Urteil vornehmen, stellen sie diese bewusst in Frage, indem sie leise vor sich hinsagen oder auch nur denken: „Wer weiß, ob sich dies später nicht doch als besser bzw. schlechter herausstellt, als ich jetzt denke!" und lächeln sie dabei.

Oder nehmen sie sich für einen bestimmten Zeitraum vor, sich nicht mehr über Kleinigkeiten zu ärgern. Und dann entscheiden sie sich dafür, dass es während dieses Zeitraums nichts gibt, außer Kleinigkeiten. Und wenn sie das nicht glauben können, dann stellen sie sich kurz vor, was alles Schlimmeres hätte passieren können und freuen sie sich kurz darüber, dass ihnen das erspart geblieben ist.

Von Aristoteles und Buddha:

Fragen sie sich, ob sie extreme Verhaltensweisen oder Meinungen haben. Dann legen sie einen bestimmten Zeitraum fest, während dem sie auf diese Extreme achten und gehen sie während dieses Zeitraums all diese Dinge etwas gelassener an.

Von Johann Wolfgang Goethe und Friedemann Schulz von Thun:

Fragen sie sich, ob sie extreme Verhaltensweisen oder Meinungen haben. Dann fragen sie sich, welcher Wert dahinter steht, so wie es von Friedemann Schulz von Thun beschrieben wird. Dann definieren sie das Gegenteil dieses Wertes und legen sie einen bestimmten Zeitraum fest, während dem sie diesen Gegen-Wert im Alltag gelegentlich anwenden und einüben.

Von Wolfgang Döbereiner:

Legen sie einen bestimmten Zeitraum fest, während dem sie darauf achten, wann sie etwas unbedingt haben oder erreichen wollen. Sobald sie während dieses Zeitraums ein solches ehrgeiziges Ziel bemerken, machen sie sich sofort die Möglichkeit des Scheiterns bewusst und akzeptieren sie diese Möglichkeit für einen Moment als ok, indem sie zu sich selbst sagen oder denken: „Auch wenn ich das nicht schaffen/erreichen sollte, ist das völlig ok und das Leben geht auch so weiter."

Von Richard Bandler und Virginia Satir:

Nehmen sie sich für einen bestimmten Zeitraum vor, darauf zu achten, wann immer ihnen jemand auf die Nerven geht. Sobald sie eine solche Situation bemerken, überlegen sie, welches Verhalten genau sie stört und fragen sie sich, was die positive Absicht hinter diesem Verhalten sein könnte und welche Stärke sich durch dieses störende Verhalten auf schräge Art ausdrücken könnte.

„Freude und Leid ereignen sich,
aber Leid ist der Preis für die Freude
und Freude ist die Kehrseite des Leides.
Das Wissen, dass Freude und Leid eins sind, das ist Frieden."

(Nisargadatta Maharaj)

2. Polaritäten-Integration und ihr therapeutischer Nutzen

Da die meisten der mir bekannten Anwender von Polaritäten-Integrations-Methoden hauptsächlich daran interessiert sind, sich von verschiedenen Leiden und Problemen zu befreien, möchte ich in diesem Kapitel näher auf das therapeutische Potenzial dieser Techniken eingehen. Um es gleich vorweg zu nehmen: ihre Stärke liegt in der Linderung und Beseitigung emotionaler und mentaler Belastungen und nicht in der Arbeit mit körperlichen Symptomen. Da sich Gedanken und Gefühle jedoch in einem engen Wechselspiel mit dem Körper befinden, ist es aber auch möglich, mit ihrer Hilfe positiven Einfluss auf den Körper und körperliche Genesungsprozesse zu nehmen.

Typische Beispiele für geeignete Anwendungsbereiche könnten sein:

- Ängste jeglicher Art, wie z.B. Lampenfieber, Prüfungsangst, Verlustangst, Angst zu versagen, Angst vor Nähe, Angst vor dem Alleinsein, Angst vor Zurückweisung, Phobien, Zukunftsängste etc.

- Trauer, Traurigkeit, Liebeskummer, gebrochenes Herz, Eifersucht, Enttäuschungen in Beziehungen, Zurückweisungserfahrungen, emotionale Konflikte etc.

- Immer wiederkehrende negative Gefühle, wie z.B. Ärger, Wut, Frustration, Schuldgefühle, Schamgefühle, Selbsthass, geringer Selbstwert, Rachephantasien, Depressionen, Verzweiflungsgefühle, Entscheidungsprobleme etc.

- Innere Blockaden wie z.B. Leistungs- und Erfolgsblockaden (in Schule, Beruf, Sport, Hobby), Denkblockaden, Hemmungen, innere Lähmung etc.

- Stress, negative Gedankenschleifen, negative Überzeugungen, Gedankenkreisen.
- Psychische Störungen wie z.B. Zwangsstörungen, Essstörungen, Süchte, Traumata, Posttraumatische Belastungsstörungen etc.
- Negative Verhaltensmuster, Tics etc.

Obgleich die Polaritäten-Integrations-Methoden hervorragend dazu geeignet sind, bei all diesen Problemen Linderung oder gar vollständige Heilung herbei zu führen, sind sie natürlich kein Ersatz für eine medizinische oder psychotherapeutische Behandlung und das Resultat ihrer Anwendung ist von mehreren Faktoren abhängig.

So hängt es z.B. davon ab, ob man sich auf die Technik überhaupt einlässt und sie richtig ausführt, wie kompetent und erfahren die anleitende Person bzw. der Therapeut im Umgang mit psychischen Problemen und der Polaritäten-Integration ist und welche Problematik in welcher Schwere und Komplexität vorliegt. Ich habe sehr oft miterlebt, dass auch hartnäckige Probleme in nur einer Sitzung für immer verschwanden und dass sich Menschen durch die regelmäßige Anwendung von Polaritäten-Integrations-Methoden in wesentlich entspanntere, ausgeglichenere, selbstbewusstere und glücklichere Persönlichkeiten verwandelten.

In meiner Tätigkeit als Psychologe habe ich inzwischen aber auch über mehrere Jahre hinweg Erfahrungen in der Anwendung dieser Methoden bei Personen mit unterschiedlich schweren psychiatrischen Diagnosen sammeln können. Auch bei ihnen habe ich immer wieder erstaunliche Erfolge miterlebt, doch häufig auch nicht. Das gleiche gilt allerdings auch für alle anderen Methoden, die es derzeit gibt, da sich einige Probleme nicht einfach mit einer Technik heilen lassen und schon gar nicht per Knopfdruck und in 10 Minuten. Gerade bei komplexen, chronischen und hartnäckigen Problemen stößt man auch mit der besten Methode schnell an Grenzen, die allerdings durch professionelle Erfahrung deutlich ausgeweitet werden können. Psychische Störungen greifen zum Teil sehr tief, haben viele Facetten und beeinflussen sowohl das Fühlen, das Wollen, das

Denken, die Überzeugungen, die Beziehungsgestaltung, das Erleben und Handeln eines Menschen. Aus diesem Grund wäre es vermessen zu glauben, all diese Bereiche durch ein paar Polaritäten-Integrationen vollständig harmonisieren zu können.

Dennoch habe ich in den letzten Jahren immer wieder wahre Wunder miterleben dürfen, wenn Menschen, die zum Teil über Jahrzehnte unter belastenden Erinnerungen und emotionalen Problemen litten, diese in wenigen Sitzungen dauerhaft loswurden. Diese Freude teile ich freilich mit den Anwendern vieler anderer Systeme wie z.B. NLP oder EFT und den verschiedenen derzeit populären neuen Therapien, die immer wieder ähnlich großartige Ergebnisse zeitigen.

Was aber spricht nun insbesondere für die Polaritäten-Integrations-Techniken, wo es doch bereits so viele andere wunderbare Methoden zur Beseitigung emotionaler Probleme auf dem Markt gibt?

- Nun, da ist zum einen ihre schnelle und ausgezeichnete Wirksamkeit,
- dann die Tatsache, dass man sie auch als Selbsthilfemethoden anwenden kann,
- dann ihre unglaublich vielseitigen Anwendungsmöglichkeiten,
- dann die Tatsache, dass man sie sehr leicht erlernen und anwenden kann,
- ihre schnelle Durchführbarkeit,
- die Möglichkeit, sie sowohl gezielt gegen Probleme als auch spielerisch und präventiv zur Harmonisierung der eigenen Persönlichkeit anzuwenden,
- die Möglichkeit, sie zur Integration erwünschter Persönlichkeitseigenschaften und Glaubenssätze einzusetzen,
- die Möglichkeit, mit ihrer Hilfe die eigene Persönlichkeitsentwicklung voranzutreiben,

- und die Tatsache, dass einige von ihnen zu einem höheren Bewusstseinszustand führen, was sich für die meisten Anwender mehr oder weniger phantastisch anfühlt.

Erfahrungen mit Polaritäten-Integration

Als ich vor einigen Jahren die PEAT-Techniken (mehr darüber im Kapitel zu den Techniken) von Zivorad Slavinski erlernte, erzählte mir dieser einige erstaunliche Geschichten aus seiner Experimentier- und Übungsgruppe, die er zu diesem Zeitpunkt bereits seit über 10 Jahren leitete. Besonders faszinierte mich dabei seine Aussage, dass die meisten seiner Gruppenteilnehmer nach dem Kennenlernen des tiefen PEAT-Prozesses und dessen täglicher Anwendung über einen Zeitraum von etwa einem dreiviertel Jahr hinweg keine Problemthemen mehr in ihrem Leben finden konnten, die ihnen noch dringlich genug erschienen wären, um unbedingt bearbeitet zu werden. Er meinte, dass sie zwar alle noch die üblichen Belastungen in ihrem Leben hätten, doch dass sie diese nicht mehr als Probleme erleben würden, insbesondere da sie sie ja jederzeit beheben konnten.

Inzwischen halte ich diese Aussage für durchaus glaubwürdig, da sie sich ausschließlich auf eine Stichprobe ausgewählter Personen bezog, die schon vor ihrem Kontakt mit PEAT jahrelange Erfahrung mit psychospirituellen Methoden hatten. Ähnlich wie es Zivorad Slavinski beschrieben hatte, erging es später nämlich auch mir und einigen Teilnehmern der Münchner Übungsgruppe, die wir zusammen mit einer Freundin einige Zeit danach gründeten.

Um die Auswirkungen einer regelmäßigen Anwendung von PEAT jedoch etwas realistischer einschätzen zu können, formulierte ich auf der Basis von eigenen Erfahrungen und Aussagen von Freunden einen Fragebogen mit 16 Fragen, den ich an Personen verschickte, die in den letzten 3 Jahren vor der Befragung an PEAT-Workshops von mir teilgenommen hatten. (siehe Anhang)

Von den angeschriebenen Personen schickten mir 22 einen ausgefüllten und verwertbaren Fragebogen zurück Die Antwortenden waren zwischen 21 und 65 Jahren alt, 8 davon waren Männer, 14 Frauen und laut ihren Einschätzungen hatten sie zum Befragungszeitpunkt jeweils zwischen 50 und über 1000 Prozesse an sich selbst durchgeführt.

Die Ergebnisse der Befragung sind im Anhang dieses Buches ausführlich dargestellt und lassen sich wie folgt zusammenfassen:

- bei allen konnten verschiedene belastende Themen gelindert oder völlig beseitigt werden
- die Angst vor Problemsituationen sank dank der Gewissheit, etwas dagegen unternehmen zu können
- die Tendenz sich über irgendetwas Sorgen zu machen sowie Gedankenkreisen ließ bei vielen deutlich nach, so dass der Stresspegel absank
- mögliche zukünftige Probleme konnten leichter als notwendiger Bestandteil des Lebens akzeptiert werden
- nach einigen Monaten fanden einige Personen phasenweise kaum noch drängende Probleme in ihrem Leben – sie fühlten sich ausgeglichen und ihr Leben fühlte sich leichter an
- extremes oder einseitiges Verhalten, sowie das Festhalten an stark polarisierten Urteilen, Gedanken und Gefühlen ließen nach
- die Fähigkeit, sich in andere hineinzuversetzen und die Welt aus deren Perspektive zu sehen, nahm zu
- die Wahrnehmungsfähigkeit in Bezug auf innere Prozesse, Gefühle und Körperempfindungen nahm zu
- einige berichteten davon, dass sie im Alltag plötzlich auch das Positive im Negativen und das Negative im Positiven wahrnehmen konnten, so dass es ihnen zunehmend schwerer fiel, Urteile zu fällen. Ärgerten sie sich z.B. über eine andere Person, weil sich diese rücksichtslos verhielt, wurde ihnen sofort bewusst, dass sie sich selbst in ihrem Leben eben-

falls schon einmal rücksichtslos verhalten hatten und rücksichtslose Persönlichkeitsanteile in sich tragen. Oder, wenn ihnen etwas im Leben etwas Unangenehmes widerfuhr, tauchte sofort der Gedanke auf: „wer weiß, wofür das vielleicht gut ist?"

- fast alle fühlten eine an Intensität zunehmende Verbundenheit mit der Welt und ihren Mitmenschen.

- insgesamt meinten einige, dass sie das Gefühl hätten, ihre Wahrnehmung des Lebens und sie selbst hätten sich spürbar zum Besseren verändert.

Auch wenn diese Ergebnisse von nur wenigen Personen stammen und noch nicht durch wissenschaftliche Forschung untermauert sind, sind sie dennoch beeindruckend. Ihr wahrer Wert wird allerdings noch viel deutlicher, wenn man sich einmal die Zeit dafür nimmt, ihren Einfluss auf die eigene Lebensqualität detaillierter zu betrachten. Denn während die wichtigsten Ziele der Polaritäten-Integration durchaus in der Beseitigung emotionaler und mentaler Belastungen sowie der Beschleunigung der Persönlichkeitsentwicklung liegen, spiegeln sich die damit zusammenhängenden positiven Effekte in vielen Lebensbereichen wieder.

Einige davon möchte ich an dieser Stelle exemplarisch herausgreifen, nämlich den Beitrag der Polaritäten-Integrations-Methoden…

1. zu größerer Widerstandsfähigkeit gegen die Belastungen des Alltags,

2. zur Stressreduktion und verbesserten Kontrolle über die eigene Befindlichkeit,

3. zu tieferer Erlebnisfähigkeit,

4. zur verbesserten Beziehungsfähigkeit,

5. zu mehr Lebensfreude

6. und zur Persönlichkeitsentwicklung.

Polaritäten-Integration als Mittel zur Steigerung der eigenen Widerstandsfähigkeit gegenüber Belastungen

In der Psychologie interessierte man sich schon sehr früh für die Frage, woran es liegt, dass manche Menschen selbst extrem schwierige Lebenssituationen ohne größere seelische Schäden überstehen, während andere an den gleichen Situationen zerbrechen. Abgesehen von einer robusten Konstitution und der Einbindung in eine unterstützende soziale Gemeinschaft fand man im Leben dieser Menschen dann einige seelische Faktoren, die sie auch im Angesicht von Krisen, schweren Krankheiten oder anderen dramatischen Lebensumständen durchhalten lassen. Diese seelische Widerstandsfähigkeit oder Unverwüstlichkeit wird in der Psychologie als Resilienz bezeichnet.

In seinem Buch „Resilienz: Die unentdeckte Fähigkeit der wirklich Erfolgreichen" beschreibt der Psychologe Denis Mourlane 7 entscheidende Faktoren der psychischen Widerstandsfähigkeit, die man durch Übung stärken kann, wodurch Krisen besser bewältigt und sogar als Chance genutzt werden können, um sich weiter zu entwickeln. Diese Faktoren sind:

1. Die Fähigkeit zur Kontrolle der eigenen Emotionen:

Je bewusster wir unsere Gefühle nämlich wahrnehmen und steuern können, desto weniger Macht haben negative Gefühle über uns und umso weniger beeinflussen diese unsere Leistungsfähigkeit auch im Angesicht großer persönlicher Herausforderungen oder Krisen.

2. Die Fähigkeit zur Kontrolle der eigenen Impulse:

Je besser wir unser eigenes Verhalten in Situationen steuern können, in denen wir unter Druck stehen, desto leichter können wir einen klaren Kopf bewahren, uns auf unsere Ziele konzentrieren und beharrlich an deren Verwirklichung arbeiten. Dadurch steigt die Wahrscheinlichkeit für Erfolge, was wiederum dazu führt, dass wir eigene Anstrengungen positiv bewerten und zufriedener sind.

3. Die Fähigkeit zur gründlichen Problemanalyse:

Je besser wir unsere Probleme verstehen können, desto unwahrscheinlicher wird es, die eigenen Fehler ständig zu wiederholen oder uns ihnen gegenüber hilflos ausgeliefert zu fühlen. Stattdessen wird es leichter, die richtigen Konsequenzen zu ziehen, geeignete Lösungen zu finden und die gleichen Probleme in Zukunft zu vermeiden.

4. Das Gefühl der Selbstwirksamkeit:

Je stärker wir davon überzeugt sind, durch unser eigenes Handeln Dinge zum Positiven verändern zu können, desto eher erleben wir die Widrigkeiten des Lebens als Herausforderungen, denen wir uns dann auch eher bereitwillig stellen können. Wir fühlen uns den Umständen nicht mehr hilflos ausgeliefert und sind in schwierigen Situationen weniger angespannt.

5. Die Haltung des realistischen Optimismus:

Je stärker wir davon überzeugt sind, dass sich die Dinge zum Guten wenden können und werden, und je eher wir in schwierigen Situationen etwas Positives oder einen Sinn erkennen können, desto entspannter können wir diesen Widrigkeiten des Alltags begegnen.

6. Die Fähigkeit zur Empathie:

Je besser wir uns in die Lage einer anderen Person hinein versetzen können, desto besser verstehen wir sie, ihre Bedürfnisse, ihre Beweggründe und ihre Sorgen. Wenn wir begreifen, dass es uns in der Situation des anderen wahrscheinlich ähnlich gehen würde wie ihm, können wir auch in schwierigen zwischenmenschlichen Kontakten verständnisvoller und gelassener bleiben und auch besser reagieren.

7. Die Zielorientierung:

Je mehr Freude wir daran haben, uns neue Ziele zu setzen und diese auch konsequent zu verfolgen und umzusetzen, desto eher sind wir auch dazu bereit, uns für die Errungenschaft dieser Ziele anzustrengen. Wenn wir dann in der Gegenwart aktiv sind, um unsere Zukunft zu gestalten, wird diese vor unserem inneren Auge immer deutlicher vorstellbar und wir erleben das befriedigende Gefühl, mitzuerleben, wie unsere Visionen allmählich Realität werden.

Wenn wir uns die oben beschriebenen Langzeitwirkungen der Polaritäten-Integrations-Methoden im Hinblick auf diese 7 Resilienz-Faktoren ansehen, wird uns sofort klar, dass sie zu fast allen davon beitragen. Am offensichtlichsten ist dabei wahrscheinlich die Stärkung der Fähigkeit, eigene negative Emotionen effektiv und schnell zu regulieren, was sich aber auch unmittelbar positiv auf die eigene Kontrollüberzeugung und den eigenen Optimismus auswirkt. Durch die beruhigende Wirkung werden impulsive Ausbrüche unwahrscheinlicher, insbesondere da die Einbeziehung von Perspektivenwechseln (worauf später noch genauer eingegangen wird) die Fähigkeit trainiert, sich in andere hinein zu versetzen und sie besser zu verstehen. So ist besonders das Anwenden der Polaritäten-Integrations-Methoden aus der Perspektive anderer Personen und die Anwendung von „Ivana Ende der Worte" (siehe Kapitel der Techniken) dazu geeignet, Empathie zu entwickeln und vor allem bei zwischenmenschlichen Konflikten die Problem-Muster zu identifizieren und die Probleme besser zu verstehen.

Zudem ist es durch die Anwendung von DP-4 (siehe Kapitel der Techniken) in kürzester Zeit und spielend leicht möglich, den Samen für positive Eigenschaften in die eigene Persönlichkeit zu säen und durch regelmäßiges Bearbeiten eigener Befürchtungen eine starke Zierorientierung in sich zu erzeugen.

So eignen sich die Polaritäten-Integrations-Methoden nicht nur für die punktuelle Beseitigung emotionaler Belastungen, sondern langfristig auch ausgezeichnet, um unser seelisches Immunsystem zu stärken. Gehen wir an diese Stelle aber etwas genauer auf das Thema „Stressreduzierung" ein:

Polaritäten-Integration als Mittel gegen Stress und zur verbesserten Befindlichkeitsteuerung:

Der deutsche Neurobiologe und Buchautor Gerald Hüther schreibt im Hinblick auf Stress, dass wir psychische Belastungen und emotionale Verunsicherung üblicherweise immer dann erleben, wenn wir:

1. neuen oder überwältigenden Anforderungen gegenüberstehen,

2. wenn unsere Erwartungen enttäuscht werden und

3. wenn unsere Gefühle verletzt werden.

In solchen Fällen löst der Körper eine Stressreaktion aus. Diese Stressreaktion ist dabei eigentlich eine Notfallreaktion, die uns dabei helfen soll, Rettung zu finden. Wenn wir uns nun aber nicht retten lassen oder keine Rettung finden, sondern uns dazu zwingen, einfach weiter zu funktionieren, wird unser Körper mit Stresshormonen überflutet, was diesen sehr viel Energie kostet. Aus diesem Grund kann eine schwere seelische Belastung, die nicht unter Kontrolle zu kriegen ist, sogar tödliche Folgen haben, was Hüther in seinem Vortrag „Wohin, weshalb, wofür?" (2005), mit einer Geschichte von einem Kühltransportfahrer unterstrich, der einige Jahre zuvor in seinem Kühlanhänger erfroren aufgefunden worden war.

Dieser Mann war anscheinend aus Versehen über Nacht in seinen Kühlwagen eingesperrt gewesen und daraufhin an seinen Erfrierungen gestorben. Das erstaunliche daran war jedoch, dass die Kühlung ausgestellt war, was dieser Mann jedoch offenbar nicht wusste. In seiner Todesangst und Todeserwartung war er dann tatsächlich erfroren und sein Körper wies entsprechende Spuren auf, obwohl er genügend Sauerstoff hatte und eine Temperatur im Kühlwagen geherrscht hatte, an der er niemals hätte sterben müssen.

Dieser Fall zeigt eindrucksvoll, welch extreme Macht negative Erwartungen zusammen mit der Überzeugung eigener Hilflosigkeit auf uns haben können. Und er zeigt klar, dass es nicht die Realität bzw. die Fakten selbst sind, die uns zu Fall bringen, sondern unsere Bewertung dieser Fakten. Hätte der Kühlwagenfahrer nämlich gewusst, dass ihm in seinem Anhänger keinerlei Gefahr droht, wäre ihm gar nichts passiert und er hätte statt unter grauenvoller Angst zu erfrieren, einfach schlafen oder auf den nächsten Morgen warten können.

Und eben hierin liegt einer der Punkte, die die Polaritäten-Integrations-Techniken für unsere psychische Gesundheit sehr wertvoll machen können:

Durch ihre Anwendung erleben wir, dass wir unsere emotionalen und mentalen Belastungen jederzeit und effektiv reduzieren können. Dadurch gewinnen wir schon bald das Gefühl der Kontrolle über unsere Befindlichkeit und Situationen, die wir zuvor noch fürchteten, verlieren an Bedrohlichkeit. Und selbst wenn es uns dann einmal emotional so richtig beutelt, sind wir diesen Gefühlen nicht mehr hilflos ausgeliefert, da wir wissen, dass sie nur von kurzer Dauer sein werden, wenn wir sie bearbeiten. Dann können wir uns in schwierigen Situationen wenn möglich und nötig kurz eine Auszeit nehmen und den erlebten Stress sofort entladen, oder wir richten uns einen täglichen Zeitpunkt ein, an dem wir eventuelle Tagesreste bzw. das Gedankenkreisen beseitigen.

Bei regelmäßiger Anwendung der Polaritäten-Integrations-Methoden stellt man zudem schon nach relativ kurzer Zeit fest, dass die eigenen negativen Einschätzungen und Bewertungen, sowie die daran gekoppelten negativen Gefühle immer weniger extrem und einseitig ausfallen. Der Kühlwagenfahrer aus der oben geschilderten Geschichte hätte dann, als er in seinem Anhänger eingesperrt war, nicht mehr ausschließlich Katastrophenerwartungen gehegt, sondern auch Zugang zu anderen, weniger drastischen Überlegungen und Einschätzungen seiner Situation gehabt. Seine schlimmsten Befürchtungen und negativen Gefühle hätten seine hoffnungsvollen und zuversichtlichen Persönlichkeitsanteile nicht mehr zwingend überschwemmt und unter ihrem Gewicht verschüttet, sondern er hätte vielmehr sowohl seine Angst als auch seine Hoffnung wahrnehmen und seine Angst durch das Durchführen von einigen Prozessen in Schach halten können. Und auch, wenn dies alles nichts an der realen Bedrohung geändert hätte, wäre es dem Mann möglich gewesen, auch trotz der bedrohlichen Lage wesentlich entspannter zu bleiben. Und in seinem Fall hätte er sich dadurch außer der furchtbaren Angst auch die Erfrierungen und letztlich womöglich sogar das vorzeitige Ableben erspart.

Wie auch immer es ihm aber auch ergangen wäre, durch das Gefühl der Kontrollierbarkeit erleben wir schwierige Anforderungen, Enttäuschungen und Kränkungen generell immer weniger als seelische Belastungen. Die Folge ist, dass wir sie dann auch nicht mehr so ängstlich zu vermeiden versuchen, sondern dass wir sie immer mehr als Herausforderungen betrachten können, denen wir neugierig und mit Zuversicht entgegen sehen. Da dies dann automatisch zu besseren Gefühlen, mehr Selbstvertrauen und mehr Selbstsicherheit führt, finden wir uns schließlich zunehmend in einem positiven Kreislauf wieder, in dem die erfolgreiche Bewältigung immer neuer Herausforderungen unser Leben leichter, reicher und schöner macht.

Polaritäten-Integration als Mittel zu gesteigerter Erlebnisfähigkeit:

Eine weitere Konsequenz regelmäßig durchgeführter Polaritäten-Integrationen ist eine geschärfte Wahrnehmung für innere und äußere Prozesse. Da wir in der Regel nach dem Muster leben, positive Gefühle bis zur Grenze auskosten zu wollen und negative Gefühle so schnell wie möglich weg zu drücken und loszuwerden, nehmen wir uns im Alltag nämlich nie die Zeit dafür, in einer unvoreingenommenen Haltung zu beobachten und zu erleben, was in unangenehmen Situationen in uns passiert. So sind wir auch eher Meister im Wegdrücken von Gefühlen als darin, sie zu erleben. Da wir aber niemals nur eine Seite der Medaille haben können, schwächen wir durch die Unterdrückung unserer negativen Befindlichkeiten automatisch auch die Tiefe unseres Erlebens von positiven Gefühlen ab. Die Folge davon ist eine generelle Erlebnisverflachung bis hin zur Erlebnisunfähigkeit. Und je weniger wir erleben und fühlen, desto mehr ufert unser Denken aus. Das einzige was uns dann in der Regel übrig bleibt, bevor die Depression bei uns anklopft, sind die Gefühle Wut, Zukunftsangst und Unzufriedenheit, die durch einen beständigen negativen und Sorgen abspulenden Gedankenstrom aufrechterhalten werden.

Dann scheinen wir keine andere Wahl mehr zu haben, als das mangelnde Erleben durch immer mehr, immer stärkere und immer neue Ablenkungen und Reize zu kompensieren, was Tür und Tor für die Suche nach Extremen, für Konsum und natürlich für Süchte jeglicher Art öffnet. Und die Industrie freut sich dabei und macht Milliardenumsätze.

Mit jeder einzelnen Anwendung von Polaritäten-Integrations-Methoden übt man sich nebenbei darin, den inneren Wiederhall von Polaritäten in sich ohne Widerstand zu beobachten und wahrzunehmen.

Nehmen wir als Beispiel die Polarität „Erfolg haben versus scheitern". Dann ist es Bestandteil der meisten Polaritäten-Integrations-Methoden, Erfolg und Scheitern in der eigenen Vorstellung so intensiv und vollständig zu erleben wie möglich. Zum Erleben gehören dabei außer den Gedanken (z.B. „ich habe Angst vor dem Versagen") auch das entsprechende Gefühl der Angst, die körperliche Angstreaktion, innere Bilder, Szenen oder Erinnerungsfilme, die mit dem Thema „Versagen" zu tun haben, sowie Handlungsimpulse. Da man diese Erfahrung auch noch in abwechselndem scharfem Kontrast zur Erfahrung des Gegenpols erlebt, wird die Wahrnehmung all dieser inneren Erlebniselemente unweigerlich ausgezeichnet geschult.

Ich kenne einige Anwender, die mir nach einiger Zeit regelmäßiger Polaritäten-Integrations-Übungen sagten, sie könnte es kaum glauben, um wie viel mehr und intensiver sie heute im Vergleich zu früher fühlen und erleben würden. Und wenn man bedenkt, dass wir Freuden und Genüsse über den Körper und die Sinne erfahren, lohnt sich eine Schärfung unserer Wahrnehmung in jedem Fall. Das Leben wird intensiver, die Gefühle tiefer und authentischer und die Wahrnehmung schärfer. Dagegen wird das Denken ruhiger und weniger zwingend.

Auch in der Wahrnehmung der Welt verändert sich durch die regelmäßige Integration von Polaritäten im Laufe der Zeit einiges. Da die eigenen emotionalen und gedanklichen Reaktionen auf bisher positiv und negativ bewertete Erfahrungen schwächer werden und sich angleichen, hören wir allmählich damit auf, die Welt künstlich in unserem Erleben aufzuspalten. Die Folge ist ein zunehmendes Gefühl der Verbundenheit mit allem und jedem und eine Aussöhnung mit der Welt und dem eigenen Schicksal.

Von Personen, die häufig und regelmäßig die Methode „Ivana Ende der Worte" anwenden (mehr dazu an späterer Stelle im Kapitel der Techniken) weiß ich, dass sie darüber hinaus die Erfahrung machen, in allem vermeintlich Positiven automatisch auch die Haken zu erkennen und in allem vermeintlich Negativen automatisch auch das darin verborgene Wertvolle und Gute. Diese ganzheitliche Sicht bringt natürlich eine unglaubliche Gelassenheit mit sich, wie sie z.B. durch positives Denken niemals erreicht werden kann, sowie von Einsichten, die man normalerweise aufgrund einseitiger Sichtweisen niemals hätte.

Polaritäten-Integration zur Verbesserung der Beziehungsfähigkeit

Der zuvor bereits erwähnte Neurobiologe Gerald Hüther gelangte anhand von Ergebnissen aus der modernen Hirnforschung zu der Schlussfolgerung, dass alles was die Beziehungsfähigkeit von Menschen verbessert, gut fürs Gehirn und auch für die Gemeinschaft ist, in der diese Menschen leben. Dagegen meint er, sei alles was die Beziehungsfähigkeit der Menschen einschränkt, unterbindet und unterminiert, schlecht fürs Gehirn und schlecht für die Gemeinschaft.

Dies ist auch nicht weiter verwunderlich, denn es macht bekanntlich einen riesigen Unterschied für unser Wohlergehen und Wohlbefinden, ob wir erstens Menschen um uns haben, die uns auch in schweren Zeiten unterstützen, oder ob wir ganz allein in der Welt stehen. Und ob uns zweitens harmonische Umweltkontakte zur Verfügung stehen, oder ob wir im ständigen Konflikt mit unseren Mitmenschen leben.

Wie es um unsere Beziehungssituationen bestellt ist, hängt dabei natürlich entscheidend davon ab, wie wir über andere denken und wie wir uns anderen gegenüber verhalten. Wenn wir unseren Mitmenschen nämlich z.B. grundsätzlich misstrauen und uns vor ihnen fürchten, werden wir uns kaum dazu aufraffen, auf sie zuzugehen oder offene Beziehungen mit ihnen einzugehen. Wenn wir andere geringschätzen oder verachten, werden wir ebenfalls nicht sehr freundlich und angenehm mit ihnen in Kontakt treten, so dass Konflikte und Zurückweisungen sehr viel wahrscheinlicher werden. Leiden wir zusätzlich noch unter psychischen Störungen, stehen ständig unter Strom oder sind streitlustig, kann die Chance auf dauerhaft stabile, unterstützende und wohltuende Beziehungen noch weiter schrumpfen. Und wo der eine dann über Beziehungen verfügt, die ihm in Stresssituationen dabei helfen, seine Batterien wieder aufzuladen und Rückhalt zu finden, erleben anderen ihre Beziehungen leider nur als weitere Quelle endloser Missverständnisse und Enttäuschungen.

Wenn zum Alltagsstress aber schließlich auch noch der Frust durch fehlende oder der Stress durch konflikthafte Beziehungen dazukommt, kann dies leicht ausreichen, um das Fass endgültig zum Überlaufen zu bringen und uns in Depression oder Suchtverhalten stürzen. So ist es auch völlig verständlich, dass alles wertvoll ist, was die Beziehungsfähigkeit eines Menschen stärkt, so wie Herr Hüther behauptet.

Und auch in diesem Bereich punkten die Polaritäten-Integrations-Methoden. Während der vollständigen Problembearbeitung muss man sich als ihr Anwender nämlich immer wieder in andere Menschen hinein versetzen und üben, die Welt aus deren Perspektive zu sehen. Bei der Technik „Ivana Ende der Worte" muss man sich zudem darauf einlassen, das Gute an dem herauszuarbeiten, was einen an anderen Menschen stört.

Nun mögen einige vielleicht einwenden, dass wir sowieso alle über die Fähigkeit verfügen, uns in andere hinein zu versetzen. Dies mag zwar sein, doch machen wir im Alltag meist nur sehr wenig Gebrauch davon, so dass diese Fähigkeit in der Regel unterentwickelt bleibt. Genau dies ist auch ein wichtiger Grund für unsere tägliche Erfahrung, dass Menschen von sich zwar behaupten, vernünftig, rational und moralisch rechtschaffen zu sein, sie aber trotzdem bei der Verfolgung ihrer Ziele und Gelüste jederzeit egoistisch, impulsiv und völlig rücksichtslos handeln. Dabei fügen sie anderen oft Leid zu und fühlen sich dennoch völlig im Recht, während sie tief bestürzt oder von Wut und Rachegelüsten überflutet würden, wenn ihnen andere das gleiche antäten.

Wenn wir die Fähigkeit zum Perspektivenwechsel allerdings regelmäßig üben, werden wir unsere Mitmenschen, deren Lebensrealitäten, Bedürfnisse, Ängste, Wünsche, Überzeugungen und Ziele zunehmend besser nachvollziehen, verstehen und anerkennen können. Dadurch werden auch unsere extremen Urteile seltener, unsere Hass und Angstgefühle gegenüber anderen werden nachlassen, und unser Verständnis und unsere Rücksichtnahme werden zunehmen. Ein Gefühl der Verbundenheit mit anderen in einer Welt, in der Probleme oft nur gemeinsam zu bewältigen sind, kann sich herausbilden.

Abgesehen von der Fähigkeit zum Perspektivenwechsel gibt es aber noch einen anderen Faktor, der für das Führen guter und stabiler Beziehungen von ungeheurem Wert sein kann. Und dies ist die Einsicht, dass wir letztlich alle Eigenschaften, die uns an anderen stören, auch (zumindest latent) in uns tragen. Vieles, wenn nicht sogar alles von dem, was wir an anderen hassen, fürchten oder verachten, basiert nämlich auf verdrängten eigenen Persönlichkeitsanteilen (sogenannten Schatten-Anteilen), die wir zwar bei uns selbst nicht wahrnehmen können, dafür aber umso stärker bei anderen.

Um dies ohne jeglichen Zweifel selbst erkennen und die eigenen „Schatten-Anteile" integrieren zu können, wurden in den verschiedenen therapeutischen Schulen und Autoren unterschiedliche Techniken entwickelt. Doch auch die Methoden der Polaritäten-Integration eignen sich für diesen Bereich der therapeutischen Arbeit.

> „Einen Menschen seinem Schatten gegenüberstellen heißt, ihm auch sein Licht zu zeigen... Er weiß, dass dunkel und hell die Welt ausmachen... Wer zugleich seine Schatten und sein Licht wahrnimmt, sieht sich von zwei Seiten, und damit kommt er in die Mitte."
>
> (C.G. Jung)

Die Integration des Schattens

Der Begriff des „Schattens" wurde von Carl Gustav Jung geprägt und bezieht sich dabei auf eigene unbewusste Persönlichkeitsanteile, mit denen wir uns nicht identifizieren können und die wir deshalb unterdrücken, verleugnen, nicht an uns wahr haben wollen und abspalten, obwohl wir sie trotzdem latent (oder offensichtlich) in uns tragen.

So stellen wir uns z.B. womöglich als stark und selbstbewusst dar und leugnen dabei die Tatsache, dass wir immer wieder Momente der Angst und Unsicherheit erleben. Oder wir präsentieren uns als aufrichtige und gute Menschen und verdrängen all unsere kleinen Lügen oder Betrügereien, die wir in der Vergangenheit begangen haben oder noch immer begehen.

Unser „Schatten" entsteht dabei schon ab der frühesten Kindheit im Rahmen der familiären und gesellschaftlichen Erziehung. Wenn uns Eltern, Lehrer oder andere wichtige Bezugspersonen mit Erwartungen, Anforderungen, Verboten und Verhaltensregeln konfrontieren, die uns nur erlauben, einen Teil unserer Persönlichkeit auszudrücken, neigen wir nämlich dazu, diese unerwünschten Persönlichkeitszüge vor der Welt und uns zu verheimlichen und sie zu verdrängen, damit wir weiterhin geliebt werden und weniger Ärger haben.

Als typisches Beispiel hierfür könnte z.B. der Versuch vieler Eltern dienen, weinerliches Verhalten ihrer Söhne zu unterbinden, indem sie diese dafür verspotten und ihnen die Botschaft vermitteln, dass „Indianer keinen Schmerz" kennen und „nur Heulsusen weinen". Da niemand gern als Heulsuse bezeichnet wird, ist es in diesem Fall kein Wunder, wenn viele Kinder sich dann dafür entscheiden, keine Angst, Traurigkeit, Schmerz und Tränen mehr zu zeigen, bis sie schließlich selbst von sich glauben, hart, tapfer, mutig oder sonst was zu sein. Und wehe irgendjemand unterstellt ihnen dann, dass ihre vermeintliche Stärke in Wirklichkeit nur Show ist. Dann werden sie sofort mit Mutproben, aggressivem Gehabe und der Aufzählung ihrer Heldentaten den Gegenbeweis antreten und sich lautstark von den Weichlingen abgrenzen, die sie inzwischen natürlich ebenfalls verachten.

Leider verschwinden diese verdrängten Anteile durch die Verleugnung nicht, sondern sie neigen dazu, uns in Form von Albträumen, schmerzlichen neurotische Symptomen, Ängsten, Zwängen und Sorgen auf ihr Fortbestehen hinzuweisen. Als wäre dies nicht schon schlimm genug, kann unsere dunkle Seite durch lang andauernde Verdrängung aber noch wachsen und an Bedrohlichkeit zunehmen. Dann werden wir zu einem wandelnden Pulverfass, in dem das, was wir angeblich zutiefst verachten, jederzeit aus uns selbst hervorbrechen und Unheil anrichten kann.

Wo ein starker und erfolgreicher Mann plötzlich in einem Burnout völlig zusammenbricht und ein Kontroll-Junkie unerwartet in eine Sucht hinein rutscht, entwickelt ein hoch moralischer Kirchgänger dann auf einmal immer schwerer zu kontrollierende perverse Phantasien und der schüchterne und introvertierte Nachbar bekommt Mordgelüste. Dies sind dann die typischen Schritte in Richtung der Spaltung zwischen Dr. Jekyll und Mr. Hyde, einem Phänomen, das sich auch in den endlosen Gräueltaten wiederspiegelt, die von Menschen ausgeführt wurden, die zuvor als völlig unauffällig, freundlich und sogar moralisch herausragend galten, wie so manche Amokläufer, Kinderschänder, Vergewaltiger oder Affektmörder.

> „Wenn eine innere Situation nicht bewusst gemacht wird, erscheint sie im Außen als Schicksal."
>
> (C.G. Jung)

Aber dies ist noch nicht alles. Wenn wir die Sprache dieser Symptome nämlich nicht entschlüsseln können und die dahinter liegenden verachteten Persönlichkeitseigenschaften nicht integrieren, projizieren wir diese Eigenschaften auf andere Personen oder Personengruppen. Dann sehen wir genau das, was wir an uns selbst nicht sehen können und wahrhaben wollen überall um uns herum an anderen, die wir dann natürlich genau wegen dieser Charaktereigenschaften und Verhaltensmuster entweder fürchten, verachten oder hassen. Dies ist natürlich gleichzeitig eine sehr gute Strategie, um von sich selbst abzulenken und in den eigenen Augen eine reine Weste behalten zu können. Schließlich haben ja nur die anderen die peinlichen oder nicht tolerierbaren Wesensmerkmale, aber doch nicht wir.

So können genau diejenigen Eigenschaften, die wir in uns nicht sehen können und wahrhaben wollen, den Nährboden für die Verurteilung anderer bilden, die diese Eigenschaften entweder offen zur Schau stellen oder von denen wir glauben, dass sie dies tun. Hierin liegen nicht selten die Quellen für Vorurteile, Hass, Verachtung, Rassismus oder Fremdenfeindlichkeit. Dann haben wir die Situation, in der eine beliebige Gruppierung A einer beliebigen anderen Gruppierung B z.b. ungerechtfertigte Aggression vorwirft und dabei ihre eigene moralische Überlegenheit deutlich macht sowie die Tatsache, dass sie diese Aggression nicht mehr tolerieren wird. Dies tut sie dann plötzlich, indem sie (die angeblich friedliche Gruppe A) auf die (vermeintlich aggressive) Gruppe B mit äußerster Brutalität losgeht, wodurch sie ja eindeutig unter Beweis stellt, dass sie genauso aggressiv ist, wie sie es der Gegenpartei vorwirft. Dass dieser unfassbare Irrsinn bereits seit Jahrtausenden unsägliches Leid über die Menschen bringt, zeigt, wie dringend es notwendig ist, sich mit dem Thema des eigenen Schattens zu beschäftigen.

Laut C.G. Jung zählt die Aufdeckung, Akzeptanz und Integration des eigenen Schattens in die Gesamtpersönlichkeit deshalb sogar zu den zentralen Aufgaben des menschlichen Reifungsprozesses und stellt einen unvermeidlichen Schritt auf dem Weg zur Ganzwerdung dar. Ohne die Wiederaneignung der von uns geleugneten Persönlichkeitsanteile kann sich nämlich kein angemessenes und gesundes Selbstbild entwickeln und bestehende neurotische Symptome können sich nicht auflösen. Dass es nicht angenehm ist, sich negative, und verhasste Charaktereigenschaften einzugestehen, dürfte dabei natürlich jedem klar sein, denn es erfordert einigen Mut, sich Schwächen einzugestehen und die Bereitschaft, im wahrsten Sinne des Wortes „über den eigenen Schatten zu springen". Dennoch ist dies ein unvermeidlicher Schritt, wenn wir uns sowohl als einzelne sowie als Menschheit weiterentwickeln und jemals Frieden finden wollen.

Zum Glück ist es aber sehr leicht, eigene Schattenanteile ausfindig zu machen und wieder in die eigene Gesamtpersönlichkeit zu integrieren, vorausgesetzt, dass die eigene Bereitschaft dafür vorhanden ist.

Durch die Abspaltung eigener Persönlichkeitsanteile kommt es nämlich zur Polarisierung zwischen den erwünschten und akzeptablen Eigenschaften einerseits, die wir als positiv, gut, richtig, und wertvoll definieren, und den unerwünschten und verachteten Eigenschaften, die wir als negativ, falsch, peinlich, verwerflich und böse bewerten. Je stärker die vorgenommene Spaltung bzw. Polarisierung dabei emotional aufgeladen wird, desto größer sind dabei die Verachtung und der Hass auf die verachteten Eigenschaften, die wir dann logischerweise auch nicht haben wollen. Wenn wir also z.B. der Meinung sind, dass die Ausübung von körperlicher Gewalt die schlimmste und übelste Verfehlung eines Menschen ist, dann müssen wir natürlich schauen, dass niemand auch nur den geringsten Verdacht hat, wir selbst könnten zu körperlicher Gewaltausübung überhaupt fähig sein. Gleichzeitig werden wir uns aber auch über all jene empören und erheben, die körperlich gewalttätig werden. Zudem werden wir uns heftig dagegen wehren, wenn uns jemand eine Projektion eigener Anteile auf unser Gegenüber vorwerfen sollte.

Die Folgerung daraus ist, dass wir uns immer nur dann über andere aufregen, wenn diese anderen ungeliebte Eigenschaften zur Schau stellen, die wir nicht in uns selbst akzeptieren können. Und dies scheint eine Gesetzmäßigkeit zu sein.

Überlegen sie doch einmal: angenommen jemand outet sich in aller Öffentlichkeit, bestimmte peinliche sexuelle Vorlieben zu haben. Glauben sie, dass sich so jemand über andere aufregt, die die gleichen Vorlieben haben wie er. Wohl kaum. Wenn ein anderer dagegen für hohe moralische Werte kämpft und das Zölibat propagiert, dann ist es schon sehr viel wahrscheinlicher, dass er eigene sexuelle Fantasien leugnet und zugleich jeden verachtet (und/oder heimlich beneidet), der solche Fantasien auslebt.

Um unsere Schattenanteile zu entdecken müssen wir also nur darauf achten, worüber wir uns aufregen. Und je stärker unsere Aufregung dabei ist, desto größer ist auch der Schattenanteil. Und obwohl niemand seinem Schatten entkommen kann, muss dieser nicht unbedingt zum Problem für uns und andere werden. Wenn man ihn nämlich akzeptieren lernt, hört er auf, unser Feind zu sein und wird stattdessen zu unserem Freund und Helfer.

Ein mögliches Vorgehen in der Therapie, um eigene Schatten-Anteile zu integrieren, besteht darin, eine Liste all jener Eigenschaften und Verhaltensweisen zu erstellen, die einen an anderen abstoßen und massiv stören. Dann durchforstet man sein eigenes Leben mit größtmöglicher Aufrichtigkeit im Hinblick darauf, ob man nicht selbst bereits irgendwann einmal das abgelehnte Verhalten gezeigt hat oder zumindest in der Fantasie durchgespielt hat. Hasse ich es also z.B. von anderen belogen zu werden, dann sollte ich mich fragen, ob ich nicht selbst bereits einmal gelogen habe oder zumindest darüber nachgedacht habe, zu lügen. Verachte ich aggressive Zeitgenossen, sollte ich bei mir nach Aggressionen suchen, auch wenn ich sie nur in der Fantasie zum Ausdruck bringe oder gebracht haben sollte. Im nächsten Schritt nimmt man sich dann vor, für einen bestimmten Zeitraum im Alltag auf jede Situation zu achten, in der man sich über das Lügen oder die Aggression anderer ärgert und sich in diesen Momenten daran erinnern, dass man auch selbst diese Eigenschaft in sich trägt oder potenziell dazu fähig wäre. Dies entschärft die eigene Ablehnung bereits deutlich und das eigene Schwarz-Weiß-Denken (ich bin gut und du bist schlecht) wird aufgeweicht.

Der Bewusstseinsforscher Ken Wilber empfiehlt eine Schatten-Integrations-Methode, die in drei Schritten abläuft.

Der erste Schritt ist, dass man sich bewusst macht und laut ausspricht, was einen an einer anderen Person stört. Man redet also darüber.

Im zweiten Schritt spricht man all das, was einen an der anderen Person stört, nochmals aus, nun aber so, als würde man es der anderen Person persönlich sagen. Man redet also in der Du-Ich-Form (du hast… getan und ich hatte das Gefühl…).

Im letzten Schritt identifiziert man sich so gut man kann mit der angeklagten Person, sieht die Welt aus deren Augen und antwortet auf die Aussagen von Schritt 1 und 2.

Durch den Perspektivenwechsel kommt man dabei spielerisch aus der „Opfer-Rolle" in die Rolle des vermeintlichen Übeltäters, so dass man das abgelehnte Verhalten des anderen einmal ohne Widerstand als zu sich selbst gehörig erlebt. Hierdurch werden die künstlich auseinander gehaltenen Pole (ich bin gut und du bist schlecht) wieder zusammengeführt, so dass damit wieder ein inneres Gleichgewicht und Ganzheit möglich wird. Dies kann sehr erstaunliche Ergebnisse zeitigen, wie z.B., dass man plötzlich feststellt, wie viel Spaß man selbst an diesem zuvor noch abgelehnten Verhalten hätte. Und plötzlich spürt man anstatt der Verurteilung plötzlich Verständnis für den anderen, auch wenn man sein Verhalten noch immer nicht gutheißen sollte.

Will man zur Schatten-Integration auf die Polaritäten-Integrations-Methoden zurückgreifen, dann eignen sich hierfür insbesondere die Techniken „Ivana Ende der Worte" und DP-4 (mehr dazu im Kapitel der Techniken). Durch „Ivana Ende der Worte" entschärft man die eigenen inneren Widerstände gegen unerwünschte Verhalten, indem man herausfindet, was das Gute im Schlechten und das Schlechte im Guten ist. Bei DP-4 integriert man das verachtete Verhalten des anderen mit den eigenen Impulsen zu solchem Verhalten direkt. In beiden Fällen kommt es zu einer deutlichen Entspannung gegenüber den bearbeiteten Schattenanteilen.

Polaritäten-Integration als Freudenquelle

An diesem Punkt möchte ich nun darauf hinweisen, dass Polaritäten-Integrations-Methoden nicht nur im Zusammenhang mit der Beseitigung von Problemen verwendet werden müssen. Vielmehr fühlen sich die dadurch erlebbaren Bewusstseinszustände zum Teil schlichtweg phantastisch an. So ist es nicht weiter verwunderlich, dass manche auch dann regelmäßig mit diesen Techniken „herumspielen", wenn sie keine Probleme damit bearbeiten wollen, sondern einfach nur herausfinden wollen, wie sich das Resultat anfühlt und später vielleicht sogar auf das eigene Leben auswirkt. Dass man dabei zusätzlich zum erlebten Wohlgefühl gleichzeitig einen Beitrag zur eigenen Psychohygiene, Stressreduktion und Gesundheitsvorbeugung leistet, macht das Ganze dabei umso erfreulicher.

ඏඏඏඏඏඏඏඏඏඏඏඏඏඏඏඏඏඏඏඏඏඏඏඏඏඏ

Exkurs:

Vor einiger Zeit fand ich im Internet eine amerikanische Studie, in der einige sehr erfahrene spirituelle Sucher danach befragt wurden, wie positiv sie die Erfahrung von Non-Dualität bzw. Einheit im Vergleich zu einer Extasy-Erfahrung oder im Vergleich zu Sex bewerten.

Leider gibt der Autor Gary Weber, ein Mann mit über 30000 Stunden Meditationserfahrung, auf der entsprechenden Internetseite keine detaillierten Informationen über die Stichprobe sowie die Stichprobengröße an. Auch wenn die Studie aus wissenschaftlicher Sicht somit unbrauchbar ist, finde ich die Ergebnisse dieser Studie äußerst interessant, da sie mit meinen eigenen Erfahrungen und denen einiger meiner Bekannten übereinstimmen. Außerdem könnten diese Ergebnisse womöglich gar ein paar Drogenkonsumenten dazu ermutigen, in eine sinnvollere und gesündere Richtung weiter zu gehen.

Die Teilnehmer der Studie sollten ihr subjektiv erlebtes durchschnittliches Glückslevel in 5 verschiedenen Bewusstseinszuständen einschätzen. Offenbar hatten die Befragten sowohl non-duale Erfahrungen gemacht als auch Extasy (handelsüblicher Name für die Droge MDMA) ausprobiert.

Die 5 zu bewertenden Bewusstseinszustände waren:

1. Non-duale Erfahrung („Wie glücklich schätzt du dich durchschnittlich während einer non-dualen Erfahrung ein?")

2. Extasy-Erfahrung („Wie glücklich schätzt du dich durchschnittlich während einer Extasy-Erfahrung ein?")

3. Sexueller Höhepunkt („Wie glücklich schätzt du dich durchschnittlich während einem sexuellen Höhepunkt ein?")

4. Duales Grundlebensgefühl nach non-dualer Erfahrung („Wie glücklich schätzt du dich im Durchschnitt im Alltagsbewusstsein ein, seitdem du Zugriff auf non-duale Erfahrungen hast?")

5. Duales Grundlebensgefühl, bevor man je eine non-duale Erfahrung hatte („Wie glücklich schätzt du deine durchschnittliche Befindlichkeit vor deiner ersten non-dualen Erfahrung ein?")

Das eigene erlebte Glücksausmaß sollte dabei für jeden Bewusstseinszustand auf einer 10er-Skala eingestuft werden (0 = gar kein Glücksgefühl, 10 = maximales Glücksgefühl)

Das Ergebnis lautete:

1. Non-duale Erfahrung	10 Punkte
2. Extasy-Erfahrung	9,5 Punkte
3. Sexueller Höhepunkt	8 Punkte
4. Duales Grundlebensgefühl seit der Möglichkeit zu non-dualen Erfahrungen	6 Punkte
5. Duales Grundlebensgefühl, bevor man je eine non-duale Erfahrung hatte	3 Punkte

Die Studie ist meiner Meinung nach in mehrfacher Hinsicht interessant:

1. sie zeigt, dass der non-duale Zustand von allen Befragten als ultimative Glückserfahrung eingeschätzt wird, obwohl er sehr viel subtiler und weniger spektakulär als eine Drogenerfahrung ist (10 Punkte von 10 möglichen ist ja schließlich nicht mehr zu toppen).

2. sie zeigt Menschen die glauben, dass ein Leben ohne Drogen nicht lebenswert sein kann, dass sie einem Irrtum aufliegen und dass sie im Gegenteil sogar einen gleichwertigen bis noch schöneren Zustand wie durch ihre Droge erreichen können, der jedoch frei von Nebenwirkungen ist.

3. sie deutet auf beeindruckende Weise an, dass sich der durchschnittliche Glückslevel des Grundlebensgefühls durch die Möglichkeit, non-duale Erfahrungen zu erleben, von 3 auf 6 Punkte verdoppeln kann.

Letztlich bestätigt diese Studie, was alle Mystiker seit Jahrhunderten schon behaupten, nämlich dass es nichts Wertvolleres geben kann, als ein Erwachen zur non-dualen Wahrheit allen Seins.

Und nun stellen sie sich vor, sie hätten Techniken zur Verfügung, die ihnen in kürzester Zeit und garantiert ermöglichen, ohne Hilfe durch andere in non-duale Zustände einzutreten.

Wäre es dann nicht die beste Investition ihres Lebens, diese Techniken zu lernen und anzuwenden?

☙☙☙☙☙☙☙☙☙☙☙☙☙☙☙☙☙☙☙☙☙☙☙☙☙☙☙☙

Während heutzutage bereits viele Menschen den Wert von Achtsamkeitsübungen, Entspannungs- und Meditationstechniken erkannt haben, gelten diese Methoden in weiten Kreisen der Bevölkerung als anstrengend und mühsam zu erlernen. Und das sind sie vor allem in der ersten Zeit des Übens auch oft tatsächlich, so dass sich der erwartete Nutzen, nämlich Entspannung und mehr seelische Gelassenheit, erst nach längerer Zeit einstellen. Bei den Polaritäten-Integrations-Techniken spürt man den Nutzen allerdings sofort. Man setzt sich entweder alleine oder mit einem Partner bequem hin, schließt die Augen und integriert dann eine beliebige Polarität, die einem bedeutsam erscheint. So könnte man z.B. die Polarität „kritisiert werden versus gelobt werden" wählen, auch wenn man keinen aktuellen Anlass dafür haben sollte. Dann begibt man sich abwechselnd in die entsprechenden Erlebnismodi und führt den Integrations-Prozess durch. Dabei wird man zu Beginn noch Widerstand gegen das Thema „kritisiert werden" haben und das angenehme Gefühl genießen, „gelobt zu werden", doch schwächen sich die eigenen Reaktionen auf beide Pole schnell ab und gleichen sich dabei immer mehr an. Wenn man etwas Erfahrung hat, befindet man sich daraufhin innerhalb von 10 bis 30 Minuten in einem Zustand jenseits der Polaritäten, der sich in der Regel weit angenehmer anfühlt als alles was man durch klassische Meditationen selbst nach wochenlanger Übung erleben kann.

Da unsere gesamte Erfahrungswelt dual und polar aufgebaut ist, kann man praktisch an jedem beliebigen Thema ansetzen und nach Lust und Laune weiter integrieren. Das Material für sinnvolle Polaritäten-Integrationen wird einem auch garantiert niemals ausgehen. Bei täglicher Übung wird man allerdings schon nach wenigen Wochen bis Monaten feststellen, dass man auf immer weniger Themen emotionale Ladung verspürt und irgendwann kommt schließlich der Punkt, an dem man nur noch für einige Momente ohne Widerstand an ein Problem zu denken braucht, um es vollständig loslassen zu können und zum Verschwinden zu bringen.

Wie ich an früherer Stelle bereits erwähnt habe, erreichten einige meiner Bekannten, die täglich Polaritäten integrierten, im Laufe der Zeit ein Grund-Lebensgefühl, in dem sie fast keine stärkeren negativen Gefühlsreaktionen mehr erlebten. Dennoch machten die meisten von ihnen auch danach noch mit ihren Integrations-Übungen weiter, um das schöne Gefühl der Non-Dualität zu genießen und vielleicht eines Tages die vollständige Ladungsfreiheit zu erreichen. Diese vollständige Ladungsfreiheit bedeutet jedoch nicht, dass man keine negativen und positiven Gefühle mehr erfährt, sondern dass man seine Gefühle nicht mehr manipuliert. Was auch immer man dann spontan fühlt, wird ohne innere Widerstände (bei negativen Gefühlen) erlebt oder ohne es verewigen oder verstärken zu wollen (bei positiven Gefühlen). Wenn man glücklich ist, ist man einfach glücklich, und wenn man traurig ist, ist man einfach traurig. Während ein Gefühl da ist, will man es nicht loswerden oder verstärken und wenn ein Gefühl verschwunden ist, ist es einfach weg und man rennt ihm nicht erneut hinterher. An diesem Punkt sind die Dinge einfach was sie sind und sie sind genau gut so, wie sie eben sind.

Bei der Arbeit an sich selbst, kann unsystematisches Vorgehen zwar auch Erfolge hervorbringen und Spaß machen, doch ist es sehr empfehlenswert, die tägliche Polaritäten-Integrations-Übung zielgerichtet durchzuführen, um in kürzerer Zeit tiefgreifende Veränderungen herbeizuführen. Hierfür gibt es verschiedenste Möglichkeiten:

- man kann z.b. Polaritäten-Listen erstellen oder Listen von anderen Autoren übernehmen und diese systematisch durcharbeiten

- man kann gezielt negative Befindlichkeiten mit Positiven integrieren. Ein Projekt, das mir in diesem Zusammenhang sehr viel Freude bereitet hat, war die Integration sämtlicher mir vorstellbarer negativer Gefühle mit Liebe, wie z.b. Liebe versus Angst, Liebe versus Wut, Liebe versus Einsamkeit, Liebe versus Hass, etc. Durch diesen Prozess verlieren die negativen Gefühle schnell an Bedrohlichkeit und sie werden alle „mit Liebe durchtränkt"

- man kann einen Themenbereich auswählen, der einem besonders viele Probleme bereitet und diesen systematisch „aufräumen"

- man kann sich auf die Suche nach Polaritäten begeben, die in der Persönlichkeitspsychologie oder der Entwicklungspsychologie als besonders zentral und bedeutsam angesehen werden und diese systematisch durcharbeiten. (Beispiele dafür finden Sie etwas später in diesem Kapitel)

- Oder aber, man installiert sich erwünschte Persönlichkeitseigenschaften oder Glaubenssätze, die die Chance auf ein harmonisches, glückliches, kreatives oder erfolgreiches Leben erhöhen.

Das Wichtigste ist dabei aber wie immer, dass man überhaupt mit dem Üben anfängt. Beim Integrieren von Polaritäten verhält es sich nämlich wie mit dem Muskeltraining. Eine Trainingseinheit allein macht noch keinen großen Muskel, doch regelmäßiges Training bleibt sicher nicht unbemerkt und Folgenlos. So behauptete Hui Neng schon vor vielen Jahrhunderten, dass ein jeder, dem es gelingt, seine Liste mit Polaritäten hinreichend zu integrieren, eine vollkommene Ausgeglichenheit im Denken, Fühlen, Reden und Verhalten erlangt. Und seine Liste umfasst nur 34 Polaritäten!

Dabei muss man natürlich berücksichtigen, dass abstrakte und philosophische Polaritäten in der Regel immer mehrmals, manchmal sogar zig-mal integriert werden müssen, bevor sie stabil entladen bleiben. Dies ist unvermeidlich, da wir alle dazu neigen, unsere Welt durch Bewertungen und Urteile andauernd wieder neu zu polarisieren. So geht es eben auch hier nicht von heute auf morgen, doch lohnt sich die Mühe mehr als sich viele überhaupt vorstellen können.

Mit jeder Polarität, die man integriert, söhnt man sich nämlich mit den damit verbundenen Themen aus und befreit die Energie, die zuvor in ihnen gebunden war. Dadurch wird man einerseits immer gelassener und ausgeglichener und andererseits steht einem immer mehr freie Aufmerksamkeit und Energie für den Alltag zur Verfügung. Die eigene Erlebnisfähigkeit nimmt an Intensität zu und man fühlt sich immer weniger als ein isoliertes Individuum, sondern zunehmend zuhause in einer freundlichen Welt, mit der man sich schließlich bis in den Kern verbunden fühlt.

Polaritäten-Integration zur Beschleunigung der Persönlichkeitsentwicklung:

Fassen wir an dieser Stelle noch einmal kurz die wichtigsten Ergebnisse dieses Kapitels zusammen: durch regelmäßige Polaritäten-Integration erlangen wir eine bessere Kontrolle über die eigene Befindlichkeit und werden dadurch widerstandsfähiger gegenüber den Belastungen des Alltags. Wir trainieren unsere Fähigkeit zum Perspektivenwechsel und integrieren schrittweise unsere Schattenanteile, was sich positiv auf unsere Gestaltung zwischenmenschlicher Beziehungen auswirkt. Wir vertiefen zusätzlich unsere Fähigkeit, tief zu empfinden und auch andere Gefühle als Sorge, Angst, Wut und innere Leere intensiv zu erleben. Und zu guter

Letzt erleben wir durch das Prozessieren regelmäßig wunderbare Bewusstseinszustände.

Darüber hinaus gibt es aber noch einen weiteren Punkt, der mich an diesen Methoden zutiefst fasziniert. Sie sind nämlich super dafür geeignet, eine harmonische Entwicklung unserer gesamten Persönlichkeit und unseres Bewusstseins zu stimulieren. Hierauf möchte ich kurz etwas näher eingehen.

Aus der Entwicklungspsychologie weiß man, dass in uns Menschen verschiedene Fähigkeiten angelegt sind, die sich über mehrere Stufen hinweg entwickeln. Unter diesen Fähigkeiten oder besser Entwicklungslinien unserer Persönlichkeit befinden sich z.B. die kognitive (was nehme ich bewusst wahr), die emotionale (welche Gefühle habe ich dazu), die soziale (wie sollen wir uns begegnen), die moralische (was soll ich tun), die spirituelle (was halte ich für mein höchstes Anliegen), aber auch die der Bedürfnisse (was brauche ich), der Werte (was ist wichtig für mich) und der Selbst-Identität (wer bin ich).

Es ist wohl eher die Regel als die Ausnahme, dass in ein und demselben Menschen dabei jeweils eine oder zwei Fähigkeiten deutlich weiter entwickelt sind als die anderen. Dies wird nicht zuletzt durch unser Schulsystem gefördert, in dem intellektuelle Fähigkeiten stärker gefördert und trainiert werden, als emotionale. Abgesehen davon kennt sicher ein jeder irgendwelche Personen, bei denen das logische Denken sehr stark entwickelt ist, während ihre moralische Entwicklung zu wünschen übrig lässt, was man wahrscheinlich leicht an ihrem skrupellosen Verhalten erkennen kann. Andere wiederum sind vielleicht ausgesprochen einfühlsam und emotional schwingungsfähig, während es ihnen gleichzeitig aber an klarem Sachverstand mangeln kann. Auf diese Weise hat ein jeder seine eigenen Stärken und Schwächen.

Wichtig zu wissen ist, dass sich all diese Fähigkeiten über eine logische Abfolge von Stufen hinweg entwickeln, die für alle Menschen gleich sind. Jede neue Stufe kann dabei erst dann erreicht werden, wenn die Vorherige bereits hinreichend bewältigt wurde. Keine Stufe kann dabei ausgelassen oder übersprungen werden und ist eine bestimmte Stufe einmal erreicht, fällt man unter normalen Umständen auch nicht mehr von ihr zurück auf Frühere.

Dies entspricht auch dem, was wir in der Natur sehen können. So wächst z.b. ein Apfelbaum aus einem Apfelkern heran, indem er erst Triebe und Blätter entwickelt, später einen Stamm mit Ästen und Blättern dran und noch später auch Blüten und Früchte. Auch hier kann keine Entwicklungsstufe ausgelassen werden, so dass sich die Äpfel z.b. nicht vor den Blättern herausbilden können.

Wenn Entwicklung aber die allmähliche Entfaltung des in uns schlummernden und noch nicht verwirklichten Potenzials darstellt, dann ist alles von größtem Wert, was unsere Entwicklung vorantreibt, beschleunigt oder ihr sogar auf neue Höhen verhilft. Im Laufe der Entwicklung verwandeln wir uns schließlich im wahrsten Sinne des Wortes und werden zu mehr als wir es zuvor noch waren, auch wenn wir in unserem tiefsten Kern immer die gleichen bleiben. So wie ein kleiner Apfelbaum, der noch keine Früchte trägt, zwar seinem Wesen nach nichts anderes ist als ein anderer, bereits völlig ausgewachsener Apfelbaum, ist der letztere dennoch mehr bzw. umfassender in seiner Gesamtheit, als der Kleine, da er bereits Äpfel und Bienen an sich erfahren hat.

Aus diesem Grund ist es nochmal ein gewaltiger Unterschied, ob man mit den Polaritäten-Integrations-Methoden „nur" emotionale Belastungen beseitigen kann, oder ob man durch ihre Anwendung zudem auch die eigene Entwicklung vorantreiben kann. Im ersten Fall hätte man einfach einen Apfelbaum, der seine Angst vor Blitzschlag, Stürmen, Dürre und Parasitenbefall reduzieren könnte und sich somit auf jeder seiner Entwicklungsstufen wohler fühlen könnte als ohne die Anwendung der entsprechenden Techniken. Im zweiten Fall dagegen würde der Baum geradezu stimuliert werden, sich schneller zu entwickeln und dadurch eher reifen und in kürzerer Zeit Früchte tragen.

Normalerweise schreitet der Entwicklungsprozess auf der Basis genetischer Veranlagungen automatisch voran, wenn geeignete Umweltreize vorliegen. Im Falle des Apfelbaumes wären dies ein nährstoffreicher Boden sowie geeignete Temperaturen, genügend Licht und die richtige Menge Wasser. Allerdings kann sich die Entwicklung jederzeit verlangsamen oder gar völlig zum Erliegen kommen, wenn diese notwendigen Bedingungen fehlen. So wächst ein Apfelbaum eben irgendwann nicht mehr, wenn es zu kalt, zu warm oder zu trocken für ihn ist.

Und genauso verhält es sich mit der Entwicklung unserer Persönlichkeit und den verschiedenen Entwicklungslinien unserer Persönlichkeit. Wenn geeignete oder förderliche Rahmenbedingungen gegeben sind, entwickeln wir uns gut und wenn nicht, dann kommt die Entwicklung eben zum Stocken. Im Gegensatz zum Apfelbaum können wir als Menschen jedoch aktiv Einfluss auf unsere Entwicklung nehmen. Denn während wir uns zumindest in der frühen Kindheit nicht aussuchen können, in welchem Klima, welcher Kultur, welchem Milieu und in welcher Familiensituation wir aufwachsen, haben wir es später durchaus bis zu einem gewissen Grad in der Hand, ob wir uns unseren Problemen stellen und an ihrer Lösung arbeiten, oder ob wir uns in Passivität, einer Opferhaltung oder in Anklagen gegenüber der Welt ergehen.

Generell können aber auf allen Entwicklungsstufen Störungen auftreten, die eine weitere Entwicklung verhindern und es herrscht noch immer Unklarheit darüber, ob es einen absoluten Endpunkt der menschlichen Entwicklungsmöglichkeiten gibt und wenn ja, welcher dies sein könnte. Während die östlichen Philosophien und die mystischen Traditionen das Endziel z.B. in der permanenten Einheitserfahrung des Bewusstseins mit der gesamten Existenz sehen, dürfte der Konsens der meisten westlichen Entwicklungspsychologen und Psychotherapeuten wohl darin liegen, dass das Endziel der psychischen Entwicklung bei einer „reifen Persönlichkeit" liegt, was auch immer dann jeder wiederum unter „Reife" verstehen mag.

Während im Bereich der Entwicklungspsychologie also noch vieles unklar und unbekannt ist, besteht doch größtenteils Einigkeit darüber, dass die allgemeine Persönlichkeitsentwicklung und auch die verschiedenen Entwicklungslinien die gleiche Richtung nehmen.

Die Entwicklung beginnt dabei stets damit, dass man in seinen Bedürfnissen, Gedanken, Interessen, Überlegungen, in seiner Moral etc. egozentrisch, selbstbezogen, ich-orientiert, impulsiv und hedonistisch ist. Hier handelt man primär nach dem Lustprinzip und kann bzw. will sich auch noch nicht wirklich in die Lebenswelt anderer hineinversetzen. Man kreist somit um die Themen ICH / MIR / MEIN und die grundsätzliche Haltung könnte lauten: „Ich mache was ich will und niemand sagt mir, was ich zu tun oder zu lassen habe".

Im weiteren Verlauf der Entwicklung richtet man sich in seinen Bedürfnissen, Gedanken, Interessen, Überlegungen, in seiner Moral etc. zunehmend auf die Erwartungen der jeweiligen Bezugsgruppe aus, passt sich an diese an und ist auf deren Zustimmung und Anerkennung bedacht. Man kreist somit um WIR / UNS / UNSER und übernimmt die Haltung: „Ich finde gut und mache das, was auch meine Bezugsgruppe gut findet und macht".

Diese Tendenz weitet sich dann auf eine immer größer werdende Gruppe derer aus, die man in seinen Bedürfnissen, Gedanken, Interessen, Überlegungen, in seiner Moral etc. berücksichtigt. Letztlich versucht man, das Wohl aller Lebewesen im Blick zu haben und man interessiert sich für Themen wie Menschenrechte, Gerechtigkeit, Gewissensfragen und den Schutz des Lebens in all seinen Erscheinungsformen. Nun kreist man um WIR ALLE und bringt in seine wichtigen Entscheidungen und Handlungen die Frage ein, ob sie einer größtmöglichen Zahl von Menschen oder gar Lebewesen nutzen.

Dieser Entwicklungsverlauf spiegelt sich auch tendenziös in der weithin bekannten und viel zitierten Bedürfnishierarchie von Abraham Maslow wieder. Laut Maslow sind die tiefsten Bedürfnisse des Menschen diejenigen nach Erfüllung der körperlichen Bedürfnisse wie Essen, Trinken, Sex, Schlafen etc. Sind diese hinreichend gestillt, tauchen psychische Sicherheitsbedürfnisse auf, wie z.B. Stabilität, Kontrolle, Bevorzugung von Bekanntem etc. Die nächsthöhere Stufe bilden danach die sozialen Bedürfnisse, wie z.b. Kontakte, Zugehörigkeit oder Liebesbeziehungen und daraufhin folgen die sogenannten Individualbedürfnisse wie Selbstachtung, Ansehen, Unabhängigkeit etc. Zu guter Letzt, wenn bis auf diese Stufe alle Bedürfnisse befriedigt sind, erwacht eine neue Unzufriedenheit, die im Menschen das Bedürfnis nach Selbstverwirklichung aktiviert. Hierbei geht es um den Wunsch, das eigene Potential optimal auszuschöpfen und das Beste aus sich heraus zu holen.

All dies deutet darauf hin, dass Entwicklung ein Kampf der Evolution gegen Egozentrik hin zu umfassenderer und immer größerer Offenheit ist.

Um diesen Prozess zu beschleunigen, ist es dabei notwendig, die jeweils wichtigsten Bedürfnisse eines Menschen zu stillen, seine auf jeder Stufe möglichen Probleme so gut als möglich zu lösen und ihm dabei zu helfen, seine eigenen egoistischen Grenzen zu überwinden.

Nun kann man mit den Methoden der Polaritäten-Integration natürlich weder die negativen Umstände, die die eigene Entwicklung verzögert haben, noch die fehlenden Möglichkeiten zur Bedürfnisbefriedigung auf den verschiedenen Stufen der Bedürfnishierarchie beseitigen. Dennoch dürfte es an dieser Stelle offensichtlich geworden sein, dass man mit ihnen zwei Dinge erreichen kann: die Linderung der Folgeschäden von seelischen Wunden und die Begünstigung des natürlichen Entwicklungsprozesses durch den ständigen Blick über die eigene egoistische Betroffenheit hinaus. Die Polaritäten-Integrations-Methoden dienen somit sowohl als Heilmittel gegen seelische Belastungs-Folgen als auch als Dünger für eine gesunde und schnelle Entwicklung.

Laut den typischen westlichen Entwicklungsmodellen winkt uns als Belohnung für die eigene disziplinierte Arbeit an uns selbst am Ende der Entwicklung im Idealfall eine ausgeglichene, integrierte und reife Persönlichkeit. Wie eine solche aussehen könnte, sei an dieser Stelle durch die Beschreibung der „Integrierten Persönlichkeit" der berühmten Entwicklungspsychologin Jane Loevinger gezeigt:

Gemäß Jane Loevinger hinterfragt sich eine reife Person regelmäßig selbst und überprüft ihre eigenen Motive und Ansichten. Sie kann eigene Muster erkennen und ist darum bemüht, sich selbst und andere so realistisch wie möglich einzuschätzen. Sie ist sich bewusst, dass sowohl ihre eigenen als auch die Ansichten und Motive anderer auf entsprechende frühere Erfahrungen zurückzuführen sind und sie kann die Perspektiven anderer einnehmen und deren Werte, Ziele, Bedürfnisse, Ängste und Gefühle dadurch besser verstehen. Die reife Person begegnet anderen auf Augenhöhe und ist an gegenseitigem Austausch interessiert. Ihre Bedürfnisse nach Autonomie und Abhängigkeit sind dabei ausgewogen.

Reife Personen sind emotional kompetent und können ihre Gefühle differenziert wahrnehmen und authentisch ausdrücken. Sie verfügen über eine gute Impulskontrolle und können gut mit Enttäuschungen umgehen. Sie können innere Konflikte als unvermeidlichen Aspekt des Menschseins akzeptieren und projizieren diese nicht nach außen. Sie können flexibel und Situationsangemessen zwischen verschiedenen Rollen und Persönlichkeitsanteilen wechseln und verfügen über ein differenziertes Selbstbild. Sie können die Widersprüche und Unvereinbarkeiten des Lebens akzeptieren und aushalten und sehen die Welt nicht in Schwarz-Weiß-Schemata, sondern differenziert und unter vielerlei Gesichtspunkten. Da es ihnen somit leichter möglich ist, Gemeinsamkeiten hinter der vordergründigen Unterschiedlichkeit zu entdecken und unklare Situationen auszuhalten, können sie auf eine klare Einteilung in Gut und Schlecht verzichten.

Reife Menschen übernehmen die Verantwortung für ihr Leben und ihre Erfahrungen und begeben sich nicht über längere Zeit in eine Opfer- oder Ankläger-Rolle. Sie besitzen selbst gewählte Visionen, hohe Ideale und Werte und haben meist langfristige Ziele. Typische Werte für diese Entwicklungsstufe sind Individualität, Selbstverwirklichung, Authentizität, Wahrhaftigkeit, verantwortliches Handeln und Gerechtigkeit. Für die Einschätzung eigener Fortschritte und Erfolge sind sie nur noch in geringem Maße von äußeren Feedbacks abhängig, so dass sie über eine relativ hohe Unabhängigkeit verfügen. Darüber hinaus haben reife Menschen eine Art von existenziellem Humor, der es ihnen ermöglicht, über die Paradoxe und Ironie des Lebens zu lachen.

Soweit also nun die Beschreibung der integrierten Persönlichkeit nach Jane Loevinger, der meiner Vermutung nach wohl die meisten Entwicklungspsychologen mehr oder weniger zustimmen würden.

Wenn wir uns die Charakteristika der integrierten Persönlichkeit nun genauer betrachten, dann fällt auch hier wieder sofort auf, dass viele von ihnen durch die Polaritäten-Integration begünstigt werden: die differenzierte Wahrnehmung eigener Gefühle, die gute Emotions- und Impulskontrolle und die Widerstandsfähigkeit gegen Frustrationen, die Akzeptanz und Toleranz gegenüber inneren und äußeren Widersprüchen und Unvereinbarkeiten, die Vermeidung von polarisierten Schwarz-Weiß-Urteilen, die Fähigkeit, die Perspektiven anderer einzunehmen und die Fähigkeit, die Ereignisse des Lebens nicht voreilig in Gute und Schlechte einzuteilen.

Wenn man all dies bedenkt, ist die Anwendung der Polaritäten-Integrations-Methoden eine in jeder Hinsicht förderliche und sinnvolle Aktivität, die im Bereich der mentalen Selbsthilfe meiner Meinung nach sicherlich zu den Besten und Wirksamsten zählt, die es gibt.

Und wie könnte eine gezielte Anwendung von Polaritäten-Integrations-Methoden zur Beschleunigung der eigenen Persönlichkeitsentwicklung aussehen?

Nun, man kann sich hierfür sehr gewinnbringend aus dem bereits existierenden Wissensschatz der Persönlichkeitspsychologie und der Entwicklungspsychologie bedienen und sich eigene Listen mit Polaritäten anfertigen, die man dann systematisch durcharbeitet.

Hierfür einige Beispiele:

In der Persönlichkeitspsychologie versuchte man im Laufe der letzten 100 Jahre immer wieder, Möglichkeiten zu finden, wie man einen Menschen besser verstehen, einschätzen und sein Verhalten besser vorhersagen kann. In diesem Zusammenhang entstanden verschiedene Typologien, aber auch Listen mit den wichtigsten Merkmalen, in denen sich Menschen unterscheiden. Zwei der wichtigsten sind in diesem Feld das Persönlichkeitsmodell der „big five" und das Modell der 16 Persönlichkeitsfaktoren des Psychologen Raymond Cattell. Beide Modelle entstammen großangelegten und aufwändigen Forschungsarbeiten und eignen sich sehr gut als Basis für eine Harmonisierung der eigenen Persönlichkeit mit Hilfe der Polaritäten-Integration.

Die „big five" sind:

1. Neurotizismus, der sich zwischen den Polen „selbstsicher und gelassen versus emotional und verletzlich" bewegt,

2. Extraversion, die sich zwischen den Polen „zurückhaltend und reserviert versus gesellig und aktiv auf andere zugehend" bewegt,

3. Offenheit für Erfahrung, die sich zwischen den Polen „vorsichtig versus neugierig" bewegt,

4. Gewissenhaftigkeit, die sich zwischen den Polen „unbekümmert und nachlässig versus organisiert und effektiv" bewegt, und

5. Verträglichkeit, die sich zwischen den Polen „misstrauisch und rivalisierend versus kooperativ, freundlich und mitfühlend" bewegt.

Die 16 Persönlichkeitsfaktoren nach Cattell lauten bipolar formuliert:

1. Wärme versus Reserviertheit

2. Hohes logisches Schlussfolgern versus niedriges logisches Schlussfolgern

3. Emotionale Stabilität versus emotionale Instabilität

4. Dominanz versus Nachgiebigkeit

5. Lebhaftigkeit versus Ernsthaftigkeit

6. Regelbewusstsein versus Unangepasstheit

7. Soziale Kompetenz versus Schüchternheit

8. Empfindsamkeit versus Sachlichkeit

9. Wachsamkeit versus Vertrauen

10. Abgehobenheit versus Bodenständigkeit

11. Privatheit versus Selbstöffnungsbereitschaft

12. Besorgtheit versus Selbstsicherheit

13. Offenheit für Veränderung versus Traditionalismus

14. Selbstgenügsamkeit versus soziale Orientierung

15. Perfektionismus versus Flexibilität

16. Anspannung versus Entspannung

In der Praxis würde man nun in dem Fall, dass man die eigene Persönlichkeit im Hinblick auf die 16 Persönlichkeitsfaktoren nach Cattell harmonisieren möchte, zuerst eine geeignete Polaritäten-Integrations-Technik für allgemeine Polaritäten auswählen. Dies könnten z.b. der Basis-PPI oder der FPP sein (siehe Kapitel der Techniken). Dann geht man jede einzelne Polarität der Liste durch und wendet den entsprechenden Prozess darauf an.

Die jeweilige Polarität ist dann integriert, wenn die beiden Pole keine unterschiedliche innere Resonanz mehr in der Person auslösen, sondern identisch und neutral wahrgenommen werden. Um dieses Ziel auch dauerhaft zu erreichen, bedarf es in der Regel allerdings mehrerer Wiederholungen der Integrationsarbeit für jede Polarität.

Die Folge der Integration ist dann, dass man im Hinblick auf die bearbeitete Polarität innerlich frei wird von Widerständen, Befürchtungen, Vorstellungen, Erwartungen oder gar Zwängen und dabei zugleich frei wird für Spontaneität und Flexibilität.

Eine weitere Quelle für interessante Polaritäten-Listen bietet darüber hinaus die Entwicklungspsychologie. Als ein Beispiel aus diesem Bereich möchte ich hier das Stufenmodell der psychosozialen Entwicklung von Erik Erikson anführen. Erikson formulierte 8 grundsätzliche Entwicklungsaufgaben, denen sich jeder Mensch im Laufe seines Lebens stellen müsse und deren Bewältigung sowohl sein Wohlergehen beeinflusst, als auch seine Fähigkeit, alle weiteren Entwicklungsaufgaben zu meistern.

Für die gesunde Entwicklung ist es demnach notwendig, jede Entwicklungsaufgabe ausreichend bearbeitet zu haben, um die nächste Stufe erfolgreich bewältigen zu können. Da diese Entwicklungsaufgaben allerdings nie wirklich zu Ende geführt werden können, sondern sich während des gesamten Lebens immer wieder in neuer Form präsentieren, ist eine Auseinandersetzung mit den jeweiligen Themen jederzeit förderlich.

Hier also die 8 Entwicklungs-Stadien nach Erikson:

1. Ur-Vertrauen versus Ur-Misstrauen
   (bildet sich normalerweise im 1. Lebensjahr)

2. Autonomie versus Scham und Zweifel
   (bildet sich normalerweise im 2.-3. Lebensjahr)

3. Initiative versus Schuldgefühl
   (bildet sich normalerweise im 4.-6. Lebensjahr)

4. Werksinn versus Minderwertigkeit
   (bildet sich normalerweise im 6.-13. Lebensjahr)

5. Identität versus Identitätsdiffusion
   (bildet sich normalerweise im Jugendalter)

6. Intimität und Solidarität versus Isolierung
   (frühes Erwachsenenalter)

7. Generativität versus Stagnation und Selbstabsorption
   (Erwachsenenalter)

8. Integrität versus Verzweiflung
   (reifes Erwachsenenalter)

Wer sich nicht sicher ist, was die einzelnen Begriffe alles beinhalten und bedeuten, findet im Internet ausreichend Material dazu. Wer beim Durchlesen fürchtet, dass er all diese Entwicklungsaufgaben bis zu seinem derzeitigen Alter nicht hinreichend gemeistert haben könnte, kann den Schwerpunkt der Integrationsarbeit jederzeit darauf richten.

In der Praxis würde das nun fast genauso ablaufen, wie oben bei den oben genannten Persönlichkeitsfaktoren nach Cattell, nur mit dem Unterschied, dass man sich zu Beginn der Anwendung des Polaritäten-Integrations-Prozesses in das entsprechende, von Erikson angedeutete Alter hineinversetzt. Wenn ich also z.b. das Thema „Ur-Vertrauen versus Ur-Misstrauen" bearbeiten möchte, würde ich zuerst die Augen schließen und laut aussprechen: „Ich bin jetzt nicht mehr der 48 Jährige Michael, sondern der 1 Jährige" und versuchen, mich so gut als möglich wie als 1 Jähriger zu fühlen. In der Folge würde ich aus der Perspektive des 1 Jährigen die beiden Pole integrieren. Am Ende des Prozesses würde ich dann wieder laut aussprechen: „ich bin jetzt nicht mehr der 1 Jährige Michael, ich bin jetzt wieder der 48 Jährige Michael" und die Augen öffnen.

Auf diese Weise kann man sich im Hinblick auf die bearbeitete Polarität von inneren Widerständen, Befürchtungen, Vorstellungen, Erwartungen oder gar Zwängen befreien und dabei wieder spontaner, flexibler und freier gegenüber den damit zusammenhängenden Themen werden.

Da jede Polaritäten-Integration mit einem angenehmen Core-Zustand endet (siehe nächstes Kapitel), halte ich es für eine schöne und leichte Art, an der eigenen Persönlichkeitsentwicklung zu arbeiten.

Polaritäten-Integration in der Psychotherapie:

Wie bereits gesagt, tauchte die Idee der Integration von Polaritäten oder Gegensätzen bereits lange vor Christi Geburt auf und beeinflusste über die Jahrhunderte hinweg das Denken und Forschen von spirituellen, religiösen, okkulten, schamanischen, alchemistischen Gruppierungen.

Aber auch im Bereich der Psychotherapie ließen viele Praktiker das Prinzip der Polaritäten-Integration in ihre Arbeit mit einfließen und es wurden verschiedene Methoden entwickelt, in denen dieses Prinzip mehr oder weniger deutlich zur Anwendung kommt.

Die „Leere Stuhl Technik":

Ein Beispiel für eine solche Methode ist die „Leere Stuhl Technik", die auf den Begründer des Psychodramas, Jacob Moreno, zurückgeht. Mit ihrer Hilfe kann man innere Konflikte zu lösen, indem man diese auf eine äußere Bühne bringt. Hierfür arbeitet man zunächst die widersprüchlichen Persönlichkeitsanteile des Klienten heraus, die in den inneren Konflikt verwickelt sind („einerseits denke ich…, andererseits denke ich aber auch…") und stellt dann 2 oder mehr Stühle vor den Klienten in den Raum. Dann bittet man ihn, sich auf den ersten Stuhl zu setzen und sich so gut wie möglich mit dem ersten Persönlichkeitsanteil zu identifizieren und aus dieser Perspektive heraus seine Sicht zum Thema zu beschreiben. Dann bittet man den Klienten, sich auf den 2. Stuhl zu setzen, sich dort mit dem 2. Persönlichkeitsanteil zu identifizieren und nun aus dessen Sicht den Sachverhalt zu schildern. In der Folge lässt man den Klienten dann immer wieder zwischen den beiden Stühlen hin und her wechseln, sich jeweils mit dem entsprechenden Persönlichkeitsanteil identifizieren und zusammen mit dem Therapeuten nach einer Lösung suchen.

Durch die möglichst vollständige Identifizierung mit den jeweils beiden gegensätzlichen inneren Anteilen verschwindet der innere Widerstand gegen die Konfliktparteien und sie werden allmählich integriert. Dabei nimmt die Spannung zwischen ihnen langsam immer weiter ab, was die Lösungsfindung erheblich erleichtert. Und falls es zu keiner Lösung kommen sollte, fühlt man sich durch den inneren Konflikt in der Folge weniger und im Idealfall gar nicht mehr belastet.

Eine etwas komplexere Weiterentwicklung dieser „Leere Stuhl Technik", die womöglich noch bessere Resultate erzielt, ist die „nicht-hypnotische Technik mithilfe von Stühlen" von Helen Watkins. Diese Methode wird typischerweise im Rahmen der Ego-State-Therapie angewendet und ermöglicht dem Klienten einen umfassenden Einblick die innere Dynamik seines Problems, die spielerische Harmonisierung seiner am Problem beteiligten Persönlichkeitsanteile, sowie deren Integration. Genau wie bei der „Leere Stuhl Technik" wird die im inneren Konflikt gebundene emotionale Ladung und Gedankenfixierung allmählich befreit und die durch den Konflikt erlebte Belastung nimmt ab.

Polaritäten-Integration im NLP: der „Visuelle Squash"

Auch im Neuro-Linguistischen Programmieren (=NLP) ist der Wert der Integration von Gegensätzen weithin bekannt. So schreibt die NLP Trainerin Connirae Andreas z.b. in ihrem Buch „Der Weg zur inneren Quelle": „Wenn ein Teil von uns extrem in eine Richtung tendiert, gibt es gewöhnlich einen anderen, der ebenso extrem in die entgegengesetzte Richtung strebt. Oft sind wir uns einer dieser beiden Seiten stärker bewusst als der anderen. Vielleicht halten wir auf der bewussten Ebene sogar die eine Seite für gut und die andere für schlecht. Doch haben wir im Laufe unserer Arbeit festgestellt, dass nur durch die Arbeit an beiden Seiten eine wirklich ausgewogene Lösung erreicht werden kann, weil auf diese Weise die beiden Extrempositionen in ein ausgewogenes Ganzes integriert werden."

Eine Methode aus dem NLP, in der das Prinzip der Polaritäten-Integration noch deutlicher hervortritt, als in den beiden eben beschriebenen Varianten der „Leere Stuhl Technik", ist der sogenannte „Visual Squash". Im NLP, das über eine Vielzahl als äußerst effektiv geltender Methoden zur Veränderung psychischer Abläufe im Menschen verfügt, gehört dieser „Visual Squash" zum Grund-Repertoire. Er wurde ursprünglich von Richard Bandler und John Grinder entwickelt und im Laufe der Zeit einige Male abgewandelt, so dass er heute in mehreren Versionen existiert, von denen die wichtigsten wohl von Steve und Connirae Andreas sowie von Robert Dilts stammen.

Der Visual Squash ist im NLP die Methode der Wahl, wenn es um die Auflösung von Ambivalenzen oder inneren Konflikten in Hinblick auf eine bestimmte Sache geht.

Anwendungsmöglichkeiten sind z.B. schwere Entscheidungen, wie die Frage, ob ich mich von meinem Partner trennen soll oder nicht, ob ich ein bestimmtes Job-Angebot annehmen soll oder nicht, oder ob ich auf jemanden aktiv zugehen oder besser zurückhaltend bleiben soll.

Wie wir alle wissen, kann es sich manchmal äußerst quälend anfühlen, wenn wir eine wichtige Entscheidung treffen müssen und nicht wissen, was wir tun sollen. Dies gilt umso mehr, je schwerwiegender wir die Folgen der jeweiligen Entscheidung für unser weiteres Leben einschätzen und je mehr wir fürchten, vielleicht einen großen Fehler zu begehen. In manchen Fällen kann dies sogar zu einem Gefühl der völligen Handlungsunfähigkeit führen und dazu, dass wir eine notwendige Entscheidung immer länger hinausschieben oder völlig verweigern, bis uns das Leben schließlich die Entscheidung abnimmt.

Beim Visual Squash geht es nun genau um die Lösung solcher inneren Konflikte und der Entwicklung neuer Verhaltensmöglichkeiten.

Dabei wird auf die Überlegung zurückgegriffen, dass bei Entscheidungsschwierigkeiten immer ein Interessenskonflikt zwischen zwei inneren Persönlichkeitsanteilen vorliegt. Wenn es sich z.B. um die Frage handelt, ob ich mich von meinem Partner trennen soll oder nicht, da ich in der Beziehung seit längerem unzufrieden bin, dann gibt es mindestens einen Teil in mir, der an der Partnerschaft festhält, da er deren Vorteile nicht verlieren möchte. Darüber hinaus gibt es aber auch noch mindestens einen zweiten Persönlichkeitsanteil in mir, der die Vorteile der Trennung deutlich vor Augen hat und sich nach diesen sehnt.

Das Problem in solchen Situationen liegt nun aber abgesehen von dem erlebten Stress darin, dass man dabei schnell in einer Haltung des „entweder – oder" feststeckt und gar keine Lösungsmöglichkeiten erkennen kann. Durch den Visual Squash lässt sich die subjektiv erlebte Belastung im Angesicht der bevorstehenden Entscheidung aber reduzieren und man erhält wertvolle Informationen darüber, was einem in der bevorstehenden Situation wirklich wichtig ist. Dadurch kann man sich entspannen und der

Blick wird frei für neue Verhaltensmöglichkeiten und bisher nicht erkennbare Handlungsalternativen.

In Kurzform ausgedrückt, stellt man sich beim Visual Squash die beiden Persönlichkeitsanteile, die sich im Konflikt miteinander befinden, auf je einer seiner beiden Hände vor und lässt sie ihre Interessen und ihre positiven Absichten benennen. Dann lässt man beide Seiten die positive Absichten ihres Gegners würdigen, lässt im Gespräch mit den beiden Teilen ein gemeinsames Ziel entstehen, auf das sich beide Seiten einigen können und bereit eine Integration vor, die durch das Zusammenführen beider Hände symbolisiert wird. Auf diese Weise können neue Verhaltensweisen entstehen, bei denen die positive Absicht beider Teile Beachtung findet.

Der Visual Squash kommt den Polaritäten-Integrations-Methoden, die in diesem Buch beschrieben werden, bereits relativ nah, unterscheidet sich aber dennoch deutlich von ihnen. Die Integration der beiden Pole bzw. Teile wird beim Visual Squash nämlich nicht dadurch erreicht, dass man sie und ihre Perspektive abwechselnd so intensiv wie möglich erlebt, so dass es zu einer Befreiung der in den Perspektiven gebundenen emotionalen Energie kommt. Vielmehr wird die Integration durch die Zusammenführung der beiden Hände forciert.

Dabei sehe ich die große Wahrscheinlichkeit, dass Restladung übrig bleibt, so dass die Integration nicht vollständig ist. Auf dieses Problem hat auch der bekannte NLP Experte Robert Dilts hingewiesen, der meinte, dass der typische Visual Squash, bei dem man zwei Verhaltensweisen integriert, nicht funktioniert, wenn sich die beiden Teile zu sehr unterscheiden. Genau dies ist aber das Ziel einer Polaritäten-Integration, da der Begriff der Polarität ja den Aspekt der Gegensätzlichkeit beinhaltet. Um mit dieser Methode dennoch zu einer erfolgreichen Integration zweier widersprüchlicher Tendenzen zu gelangen, ist es laut Dilts deshalb unbedingt erforderlich, gemeinsame Absichten für die verschiedenen Teile zu finden, bevor man versucht, sie zu verschmelzen.

Nichts desto trotz wird der Visual Squash von vielen NLP Anwendern sehr geschätzt und kann erfolgreich eingesetzt werden, um in Situationen innerer Zwiespältigkeit und bei Entscheidungsproblemen neue Handlungsoptionen und dadurch größere Freiheit zu gewinnen. Seine hauptsächlichen Einsatzgebiete liegen im Bereich des Coachings und der Therapie.

Polaritäten-Integration zur Zielerreichung:

Auch wenn in diesem Kapitel der therapeutischen Nutzen der Polaritäten-Integration im Vordergrund steht, lohnt es sich, in diesem Zusammenhang noch kurz einen Blick auf das Thema „Polaritäten-Integration und Zielerreichung" zu werfen.

Probleme und Ziele weisen nämlich in wesentlichen Punkten die gleiche Struktur auf und sind in gewisser Weise nur die beiden Seiten ein und derselben Medaille.

In beiden spiegelt sich die Polarität „haben versus wollen" wieder, bzw. „was ich in der Realität vorfinde versus was ich in der Realität vorfinden möchte".

Denken wir einmal kurz darüber nach. Bei einem Problem erlebe ich eine Realität, die mir nicht gefällt und ich hätte stattdessen gerne eine andere oder angenehmere. Bei einem Ziel erlebe ich ebenfalls eine Realität, die mir nicht gefällt bzw. nicht genügt und ich hätte ebenfalls gerne eine, die mir angenehmer und besser erscheint. Wenn ich eine Situation als „Problem" benenne, taucht dabei automatisch auch ein Ziel auf, nämlich das Problem loszuwerden. Andernfalls würde ich die Situation nicht als Problem definieren. Umgekehrt habe ich auch immer automatisch ein mehr oder weniger großes Problem, sobald ich ein Ziel benenne. Denn mit dem Ziel geht die Unzufriedenheit mit der gegenwärtigen Situation einher, sowie die Gefahr des Scheiterns bzw. Nichterreichens meines Ziels.

Aus diesem Grund ist es auch nicht verwunderlich, dass der Wert der Polaritäten-Integration auch von einigen Entwicklern von Zielerreichungs-Systemen erkannt wurde

Das „Zwiedenken" nach Gabriele Oettingen

Eine Methode aus dem Bereich der Ziel-Erreichungs-Strategien, die von der Grundidee der Polaritäten-Integration profitiert und dabei laut dem Glücksforscher und Psychologen Richard Wiseman zu eindeutig positiven Ergebnissen führt, ist das „Zwiedenken" oder „Mentale Kontrastieren" nach Gabriele Oettingen.

Oettingen, die als Motivationspsychologin tätig ist, entwickelte das „Mentale Kontrastieren" im Rahmen ihrer „Fantasy Realization Theory" und konnte in vielen experimentellen Studien nachweisen, dass die mentale Kontrastierung einer erwünschten Zukunft mit der gegenwärtigen Realität dazu führt, dass Personen sich konstruktive und machbare Ziele setzen und diese auch besser erreichen.

An dieser Stelle möchte ich erwähnen, dass es in der Welt der Ziel-Erreichungs-Strategien ein riesiges Spektrum unterschiedlichster Empfehlungen für eine erfolgreiche Ziel-Verwirklichung gibt. Diese reichen vom Aussenden von Wünschen ans Universum, über das regelmäßige Aussprechen von Affirmationen und Anwenden von Visualisierungsübungen bis hin zu komplexen Systemen, in denen die mentale Arbeit und die Bearbeitung innerer Widerstände und Blockaden mit detaillierten Handlungsplänen, Situationsanalysen und dem aktiven Voranschreiten und Handeln kombiniert werden.

Während es natürlich Anhänger für jede dieser Strategien und Systeme gibt, hat die Forschung gezeigt, dass sie nicht alle gleich gut funktionieren. Gerade denjenigen jedoch, die positives Denken und Visualisierungsübungen für die beste Methode halten, um ihre Ziele zu erreichen, würde ich empfehlen, sich mit den Ergebnissen von Oettingens Forschung befassen. In ihrer fünfzehn Jahre dauernden Forschungsarbeit stellte Gabriele Oettingen nämlich fest, dass positive Bilder oft dazu führen, dass sich Menschen weniger konsequent für ein Ziel einsetzen. Wenn man den Erfolg im Kopf vorwegnimmt, strengt man sich offensichtlich weniger an, und die Ergebnisse bleiben hinter den Möglichkeiten zurück.

Dennoch lohnt es sich, die Visualisierung zur Motivation für die Verfolgung eigener Ziele einzusetzen. Die Lösung ist dabei eine Frage des Gleichgewichts, indem man die Vorteile des Erfolgs mit einer realistischen Einschätzung der Probleme verknüpft, auf die man stoßen könnte. Aufbauend auf dieser Erkenntnis entwickelte Frau Oettingen ihre Methode des Zwiedenkens, die etwa folgendermaßen abläuft:

Im 1. Schritt sollte man darüber nachdenken, was man erreichen will (z.B. abnehmen, etwas lernen, etc.)

Im 2. Schritt soll man sich dann für einige Augenblicke das Erreichen des Ziels vorstellen und die 2 wichtigsten Vorteile notieren, die sich aus einem solchen Erfolg ergeben würden.

Im 3. Schritt soll man kurz über die Art von Hindernissen und Problemen nachdenken, auf die man wahrscheinlich beim Versuch die eigenen Bestrebungen zu verwirklichen, stoßen wird. Die zwei wichtigsten Probleme soll man dann wiederum schriftlich festhalten.

Im 4. Schritt beginnt nun das eigentliche Zwiedenken:

Erst soll man hierbei über seinen zuerst genannten Vorteil nachdenken und sich vorstellen, wie das eigene Leben dadurch angenehmer werden würde.

Danach soll man über das größtmögliche Hindernis für einen solchen Erfolg nachdenken und sich darauf konzentrieren, was man tun würde, wenn man dieser Schwierigkeit begegnet.

Dann wiederholt man den gleichen Ablauf mit dem zweitbesten positiven Aspekt des eigenen Erfolgs und mit dem damit verbundenen potentiellen Problem.

Man wechselt also ständig zwischen der Vision des Erfolgs und der Vision der Hindernisse auf dem Weg zum Erfolg hin und her, bis einem keine Hindernisse mehr einfallen und man Möglichkeiten des Umgangs mit allen Hindernissen erarbeitet hat. Auf diese Weise steigt die Motivation und Zuversicht für die erfolgreiche Arbeit am eigenen Ziel enorm und die entsprechend guten Resultate belegen dies laut Oettingen eindrucksvoll.

Das „Quick Goals System" von Filip Mihajlovic

Ein anderes Ziel-Erreichungs-System, das sogar eine eigenständige Polaritäten-Integrations-Methode enthält, ist das von Filip Mihajlovic entwickelte „Quick Goals System".

Genau wie bei allen auf Rationalität basierenden Zielerreichungs-Systemen geht es auch bei „Quick Goals" um zwei große Themen:

1. innere Konflikte im Hinblick auf das Ziel zu beseitigen

2. den Weg zu finden, wie man sein Ziel in der realen Welt erreichen kann.

Diese beiden Punkte bilden die Hauptgründe dafür, warum Menschen ihre Ziele nicht erreichen: entweder sie gehen ihr Ziel nur halbherzig (oder gar nicht) an, da sie nicht hundertprozentig von ihrem Ziel überzeugt sind und/oder nicht wissen, wie sie ihr Ziel erreichen können. Oder sie geben zu früh auf, wenn sie auf dem Weg zu ihrem Ziel auf Widrigkeiten stoßen, die ihnen unüberwindbar erscheinen.

Um den ersten Punkt in den Griff zu bekommen, wird im Quick Goals System eine Polaritäten-Integrations-Methode verwendet, bei der die inneren Zweifel am Erfolg mit dem Wunsch integriert werden, das Ziel auch trotz dieser Zweifel erreichen zu wollen.

Die Polarität lautet:

Pol 1: „Ich könnte scheitern, weil…(z.B. ich nicht weiß, wie ich das anstellen soll)" und

Pol 2: „Auch wenn…(z.B. ich nicht weiß, wie ich das anstellen soll), will ich trotzdem mein Ziel erreichen".

Mit dieser Methode ist es im Rahmen des Quick Goals Systems leicht möglich, die inneren Konflikte, Zweifel und Einwände zu beseitigen, die auftauchen, wenn man sich fragt, ob man sein angestrebtes Ziel erreichen wird. Dadurch kann man sich ohne großen Aufwand immer wieder in einen optimalen Zustand versetzen, um an einem Ziel zu arbeiten, wodurch die Erfolgschancen natürlich enorm steigen.

Ich habe bereits eigene Erfahrungen mit Quick Goals gemacht und bin immer wieder überrascht, wie schnell man sich mit der darin enthaltenen Polaritäten-Integrations-Methode wieder in einen Zustand der Zuversicht und Motivation versetzen kann, selbst wenn auf dem Weg zum Ziel mal nicht alles so laufen sollte, wie man es sich erhofft hatte.

Abgesehen von den eben genannten Methoden gibt es im Feld der Psychotherapie noch viele andere, die das Prinzip der Polaritäten-Integration zumindest teilweise berücksichtigen, doch möchte ich es mit diesen Beispielen belassen und an dieser Stelle zum Thema „Polaritäten-Integration und Spiritualität" weitergehen.

„Früher habe auch ich die Welt unterteilt gesehen. Ich sah mich von dem was ich sah, getrennt. Ich sah mich, wie ich mich betrachtete. Dann ist etwas geschehen, und zwar ist geschehen, dass ich sie vereint sehe. Ich sehe die Trennung nicht mehr. Davor sah ich die Welt in Stücken. Ich sah mich, wie ich mich selbst sah. Dann ist etwas ganz Seltsames geschehen, weil ich auf einmal nicht mehr unterteilt sah. Ich sah mich als Teil des Ganzen. Und das ist wunderschön, denn auf einmal habe ich mich als anderes Ich gefunden."

(Tiziano Terzani)

3. Polaritäten und Polaritäten-Integration in der Spiritualität

Während die meisten mir bekannten Anwender von Polaritäten-Integrations-Techniken mit ihrer Hilfe das Ziel verfolgen, eigene emotionale, mentale oder sonstige Probleme zu lindern oder gar zu beseitigen, gibt es darunter auch die Gruppe derer, die diese Methoden in ihre spirituelle Praxis mit einbeziehen. Da die regelmäßige Integration von Polaritäten für spirituelle Sucher von unschätzbarem Wert sein kann, möchte ich diesem Thema deshalb ein eigenes Kapitel widmen.

Falls sie sich als Leser jedoch ausschließlich für die therapeutische Anwendung der Polaritäten-Integration interessieren, können sie dieses Kapitel getrost überspringen und direkt zum nächsten weitergehen, in dem ich drei verschiedene Techniken so beschreibe, dass sie sofort ausprobiert werden können.

Kommen wir also zum spirituellen Anwendungsbereich.

Um Missverständnissen vorzubeugen, möchte ich jedoch zunächst definieren, was ich im Folgenden unter „Spiritualität" oder „spirituell" verstehe. Viele Menschen haben nämlich überhaupt keine klare Vorstellung davon, was Spiritualität eigentlich ist bzw. sein könnte und jene, die eine klare Vorstellung davon haben, denken dabei oft an völlig unterschiedliche Dinge und reden dann aneinander vorbei.

Der amerikanische Buchautor, Denker und Mystiker Ken Wilber hat aus diesem Grund 4 große Bereiche unterschieden, auf die der Begriff „Spiritualität" normalerweise angewendet wird und auf die ich mich im weiteren Text beziehe:

1. Für manche kennzeichnet Spiritualität die Welt der religiösen oder meditativen Zustands-Erfahrungen.

2. Andere verstehen unter Spiritualität die höchsten Entwicklungsstufen, die man als Mensch erreichen kann.
3. Für andere ist Spiritualität eine eigenständige Entwicklungslinie wie z.b. die Entwicklungslinie des Denkens, der Werte oder der zwischenmenschlichen Beziehungsgestaltung.
4. Und für wieder andere kennzeichnet Spiritualität eine bestimmte Gesinnung oder Haltung.

1. Spiritualität als Erfahrung eines bestimmten inneren Zustands:

Bei dieser Definition versteht man unter Spiritualität eine bestimmte Gruppe von außergewöhnlichen Bewusstseinserfahrungen, nämlich die meditativen Zustände, die in allen Weltreligionen beschrieben werden. Normalerweise erlebt ein Mensch jeden Tag drei verschiedene Bewusstseinszustände, nämlich Wachsein, Träumen und Tiefschlafen, wobei die ersten zwei sehr unterschiedliche Nuancen aufweisen können. So fühlt man sich in seinem Wachzustand z.B. jeweils als völlig anderer Mensch, nimmt die Welt völlig anders wahr und hat gänzlich andere Leistungsmöglichkeiten, wenn man einen grippalen Infekt hat, wenn man Versagensangst hat oder wenn man topfit, ausgeruht und selbstbewusst ist. Neben den bisher genannten Zuständen gibt es aber auch noch sogenannte veränderte Bewusstseinszustände (z.B. durch Drogen) und Gipfelerfahrungen (z.B. Glückseligkeit im Liebesspiel).

Was man letztlich alles als meditative oder spirituelle Erfahrung ansieht, mag vom Betrachter abhängen, doch zählen dazu Phänomene wie übersinnliche Wahrnehmung, Austreten aus dem Körper, das Erleben von Unendlichkeit oder absoluter Leere, Trance-Zustände, Hellsichtigkeit, Zustände tiefsten Friedens und widerspruchsfreier Klarheit oder Einheitserfahrungen jeglicher Art.

2. Spiritualität als die jeweils höchste Entwicklungsstufe jeder menschlichen Entwicklungslinie:

Die Entwicklungspsychologie lehrt uns, dass sich Menschen im Laufe ihres Lebens nicht nur körperlich verändern und entwickeln, sondern auch geistig und seelisch. So durchlaufen z.b. das eigene Denken, die eigenen Bedürfnisse oder die eigene Moral verschiedene Entwicklungsstufen, die bei allen Menschen in allen Kulturen nachgewiesen werden können. Diese Stufen werden dabei immer in der gleichen Reihenfolge durchlaufen, bauen aufeinander auf und können nicht übersprungen werden.

Wie ich im letzten Kapitel bereits erwähnt habe, ist all diesen Entwicklungslinien folgendes gemeinsam: sie beginnen alle mit einer sehr egozentrischen und irrationalen Sichtweise (ich-mir-mein). Hierbei dreht sich das Denken nur um die eigene Person. Es geht nur um die eigenen Gefühle. Es sind nur die eigenen Bedürfnisse wichtig und als gut wird erachtet, was einem selbst nützt. An diesem Punkt der Entwicklung reagiert der Mensch hauptsächlich impulsiv und emotional und sachliche Argumente werden nur herangezogen, um die eigenen Interessen zu vertreten. Darüber hinaus ist man sehr anfällig für allerlei Aberglauben und Unsinn.

Im weiteren Entwicklungsverlauf nimmt man dann immer mehr andere Sichtweisen und Menschen ernst (wir-uns-unser) und es kommt zu einer zunehmend rationalen Betrachtung der Welt. Man kann sich immer besser in die Standpunkte und Gefühle anderer hineinversetzen, die man auch zunehmend berücksichtigt. Eigene Bedürfnisse werden zum Wohle der Gemeinschaft oder aus rationalen Erwägungen zurückgestellt und als gut wird erachtet, was der Gemeinschaft nützt. In diesem Bereich der Entwicklung reagiert der Mensch (außer in Stresssituationen) zunehmend rational oder vernünftig und alles Irrationale wird in der Regel immer klarer abgelehnt.

Auf den höchsten Ebenen der Entwicklung erweitert sich das Spektrum derer, die berücksichtigt werden, dann noch weiter (wir alle - uns allen - unser aller), bis schließlich das Wohl aller Lebewesen im Vordergrund des eigenen Interesses steht. Darüber hinaus beginnt der Mensch nun, sich trotz aller Rationalität, die er auch nicht verliert, einer Welt zu öffnen, die jegliche Logik sprengt. Diese Art der Irrationalität, die sich jenseits der Rationalität befindet und somit eine Höherentwicklung darstellt, wird leider immer wieder mit der Irrationalität und all dem Aberglaube verwechselt, den diejenigen vertreten, die sich noch nicht bis zur Rationalität entwickelt haben.

Gemäß dieser Definition von Spiritualität sind es also jeweils diese höchsten menschlichen Entwicklungsstufen, die als spirituell bezeichnet werden. Dies würde freilich bedeuten, dass die am höchsten entwickelten Menschen jene sind, die sowohl rational als auch post-rational sein können, die die Interessen und Perspektiven von so vielen Wesen wie möglich berücksichtigen und ein hohes Maß an Selbstlosigkeit erreicht haben, wie etwa ein Jesus, ein Buddha oder ähnliche Vorbilder der Nächstenliebe.

3. Spiritualität als eigenständige Entwicklungslinie, die verschiedene Entwicklungsstufen durchläuft:

Die dritte Definition von Spiritualität bezieht sich darauf, dass ein jeder Mensch irgendetwas für die höchste Wahrheit hält und irgendeine Vermutung darüber hat, in welchem Verhältnis er zu dieser höchsten Wahrheit steht.

So gibt es z.B. Menschen, die glauben, dass es einen allmächtigen Gott gibt, der sie je nach ihrem Verhalten bestraft, beschützt oder auch belohnt. Dann gibt es andere, die behaupten, dass sie an gar nichts glauben und dass das Leben ein reines Zufallsprodukt sei. Dann halten sie eben dies für die höchste Wahrheit. Wieder andere behaupten, dass es Erfahrungsmöglichkeiten jenseits der dualen Welt und des Denkens gibt, in der man die Wahrheit direkt erfahren kann.

Aber was auch immer die höchste Wahrheit nun sein mag, Fakt ist, dass sich die eigenen diesbezüglichen Überzeugungen im Laufe der Persönlichkeitsreifung verändern und weiter entwickeln, so wie es eben bereits beschrieben wurde.

Die niedrigsten spirituellen Stufen sind demnach durch einen ausschließlichen Egozentrismus gekennzeichnet, wobei man unfähig ist, sich auf andere Perspektiven einzulassen. Man hält also die eigene Sicht der Dinge für die einzige Wahrheit und missachtet dabei auch gerne einmal jegliche Rationalität, da man sich noch nicht bis zur Rationalität entwickelt hat. Dies kann man sehr schön bei den extremen Fundamentalisten dieser Welt beobachten, die in ihrem religiösen Eifer offenbar keinen Widerspruch darin erkennen können, Andersgläubige in die Luft zu sprengen und dabei gleichzeitig Gottgefällige und friedliebende Menschen zu sein.

Im Laufe der Reifung erreicht die spirituelle Entwicklung dann irgendwann eine rationale Stufe, deren Religion oft die Wissenschaftsgläubigkeit und deren Gott der Urknall und der Zufall sind.

Am Ende der spirituellen Entwicklung befinden sich dann Stufen jenseits der Logik, in der der Mensch nicht-duale Erlebnisse hat bzw. Einheitserfahrungen macht. Im Unterschied zu den Fundamentalisten können sich jene, die sich auf den spirituellen Stufen jenseits der Rationalität befinden, aber jederzeit rational mit der Welt und ihren Erfahrungen auseinandersetzen und sehr wohl andere Standpunkte akzeptieren und verstehen.

Dass es tatsächlich eine solche Irrationalität jenseits der Rationalität gibt, wurde inzwischen auch durch Befunde der modernen Hirnforschung bei Untersuchungen an fortgeschrittenen Meditierenden nachgewiesen. Bei der Untersuchung ihrer Gehirnaktivität während der Meditation zeigte sich, dass es bei ihnen ab einer bestimmten Meditationstiefe zur Auflösung der Selbst/Nicht-Selbst-Grenze, einem Verlust des Gefühls von Raum und Zeit, sowie einem zunehmenden Gefühl der Verbundenheit und Einheit kommt, wodurch sie das Gefühl erlangen, eins mit dem Objekt zu sein. Parallel dazu fallen die Verbalisierungsbereiche im Gehirn aus, sowie die Fähigkeit, rational über das Erlebte nachdenken und es verbal beschreiben zu können. Zurück im normalen Wachzustand ist es ihnen somit unmöglich zu erklären, was sie erlebt haben, ohne dabei auf Gleichnisse zurückzugreifen und Widersprüche und Paradoxe in ihre Beschreibungen mit einfließen zu lassen.

4. Spiritualität als bestimmte Haltung, die auf jeder Stufe und in jedem Zustand vorkommen kann:

Bei dieser vierten Definition versteht man unter Spiritualität eine bestimmte Gruppe von erhabenen Haltungen gegenüber den Mitmenschen, der Welt und Gott, wie z.b. Nächstenliebe, Mitgefühl, Güte, Vergebung, Selbstlosigkeit oder Weisheit. Auch hier ist es wieder vorstellbar, dass es von jeder dieser Haltungen verschiedene Stufen gibt, wie z.b. Stufen der Weisheit, Stufen des Mitgefühls oder Stufen der Liebe.

Was aber kann nun die Polaritäten-Integration zu diesen vier Arten der Spiritualität beitragen? Die Antwort lautet: wenn man sie zu einer täglichen Routine macht, sie regelmäßig in seinen Alltag integriert oder als Ergänzung der eigenen spirituellen Praxis einsetzt, sehr viel! Aber sehen wir uns die vier Bereiche etwas genauer an:

Polaritäten-Integration und Spiritualität als Erfahrung bestimmter innerer Zustände:

Unter den mir bekannten Anwendern von Polaritäten-Integrations-Methoden sind einige, die diese nicht nur wegen ihrer Kapazität schätzen, subjektiv erlebte Probleme damit zu lösen, sondern insbesondere deswegen, weil man mit ihnen in kürzester Zeit einige wunderschöne Bewusstseinszustände erreichen kann, die sonst nur Menschen mit intensiver Meditationspraxis zugänglich sind.

> „Der Schlüssel dazu, sich eines glücklichen und erfüllten Lebens erfreuen zu können, ist der Bewusstseinszustand. Das ist das Wesentliche."
>
> (Dalai Lama)

Die Art, Intensität und Dauer der jeweiligen Erfahrung kann dabei von Person zu Person sehr unterschiedlich ausgeprägt sein, wofür es mehrere Gründe gibt. Am schwersten tun sich:

- Personen, die keinen Zugang zu ihren Gefühlen haben und das Leben denkend und intellektuell bewältigen,

- Personen, die sich nicht auf die Übungen einlassen, da sie der Meinung sind, das wirke eh nicht oder sei Quatsch,

- Personen, die nicht in der Lage sind, sich mehr als ein paar Minuten zu konzentrieren, da sie trotz Anleitung durch ein Gegenüber ständig mit ihren Gedanken abschweifen, und

- Personen, die sich in einer aktuellen Hochstresssituation befinden, so dass ihre Aufmerksamkeit wie mit Klebstoff auf ein Problem fixiert ist.

Die Erfahrungen aus der Praxis haben gezeigt, dass die meisten Menschen, die in diese Kategorien fallen, die Methoden der Polaritäten-Integration nicht erfolgreich anwenden können. Sie spüren bestenfalls eine Art leichter Entspanntheit, die sofort wieder verschwindet, wenn sie nach dem Prozess wieder die Augen öffnen.

Bei allen anderen Anwendern hängt die Art, Intensität und Dauer ihrer Erfahrung von Faktoren ab wie z.B. medialer Veranlagung, Fähigkeit innerlich loszulassen, Vorerfahrung mit Drogen oder Vorerfahrung mit meditativen Praktiken.

Einige der Polaritäten-Integrations-Methoden, insbesondere der Basis PPI, das Holistic Releasing, der tiefe PEAT Prozess und der Fundamentale Polaritäten Prozess, ermöglichen dem Anwender für kurze Zeit eine Erfahrung, die im NLP als Core Zustand bezeichnet wird, wobei „Core" im Deutschen als „Kern", „Herzstück" oder „"das Innerste" übersetzt werden kann. Typische Core Zustände sind laut Connirae Andreas 1. Ruhen im Sein, 2. innerer Friede, 3. Liebe, 4. Okay-Sein, oder 5. Eins sein, wobei jeder Mensch auch eigene Bezeichnungen dafür finden kann. Core-Zustände haben im Vergleich zu normalen Gefühlen keine äußeren Ursachen, wie z.B. „ich bin glücklich, weil ...." Sie sind Seins-Zustände, bei denen einem nichts fehlt und bei denen es keine Zweifel, Einwände oder Ablenkungen oder sonstige Impulse gibt. Alles ist dabei absolut perfekt so wie es ist. Core-Zustände ergreifen die gesamte Person und auf die Frage, ob es darüber hinaus noch etwas Höheres, Besseres, Wichtigeres oder Wertvolleres gibt, findet man keine Antwort mehr.

Um das Erlebnis-Niveau solcher Core Zustände zu veranschaulichen, möchte ich an dieser Stelle auf die Skala der Bewusstseinsebenen von David R. Hawkins zurückgreifen.

Die Skala des Bewusstseins nach David R. Hawkins (Auszüge):

700-1000	Erleuchtungsstufen	
600	Frieden	Schwelle zur Nicht-Dualität
500	Bedingungslose Liebe / Liebe	Schwelle zum Sowohl-als-auch-Denken
		bis hierher Bereich des Entweder-Oder-Denkens
400	Vernunft	
300	Begeisterung / Bereitschaft / Zuversicht	
200	Mut	Schwelle zur Welt der positiven Gefühle
	Ärger	bis hierher Bereich der negativen Gefühle
100	Angst / Apathie	
0		

David R. Hawkins, ein US amerikanischer Psychiater und Mystiker entwickelte diese „Skala des Bewusstseins" auf der Basis seiner eigenen spirituellen Erfahrungen und mit Hilfe kinesiologischer Tests. Auf dieser Skala ordnete er Personen, Konzepten, Büchern, Filmen etc. Werte zwischen 1 und 1000 zu. Das untere Ende bildet dabei der Wert Null (Tod/kein Bewusstsein) und das obere die Tausend, die er als höchste vom Menschen erreichbare Bewusstseinsebene annimmt.

Die Bereiche unter 200 kennzeichnen dabei die Welt der negativen Gefühle, von den tiefsten Depressionen bis zu energetisch weit höher anzusiedelndem Wut oder Stolz. Bei den Stufen über 200 befindet man sich in der Welt der positiven Gefühle und impulsive emotionale Reaktionen nehmen immer mehr ab, während Lebensfreude, Rationalität und Einfühlungsvermögen zunehmen. Die Anerkennung der Rechte anderer ist dabei ein klares Charakteristikum für Ebenen über 200, wobei das Verständnis und Mitgefühl für andere nach oben hin immer stärker werden.

Im 400er Bereich steht die Welt des Verstandes, der Rationalität und Logik im Vordergrund, wobei eine wissenschaftlich-objektive, dualistische, lineare Sichtweise vorherrscht.

Einen wichtigen Übergang bildet die Schwelle von der Verstandesebene der 400er zur Ebene der Liebe und des Seins-Erlebens der 500er. Hierbei weicht das Prinzip der Kausalität langsam einer nicht-dualen, nicht-linearen Wahrnehmungsweise. Laut Hawkins beginnt bei ca. 550 dann die Welt der bedingungslosen Liebe und der alles durchdringenden stillen Freude. Ab 600 spricht Hawkins von Frieden und ab 700 von Erleuchtung. Die Ebene 1000 setzt er gleich mit Christus-Bewusstsein, Buddha-Natur und dem Bewusstsein der großen Avatare der Menschheitsgeschichte.

Hawkins betonte, dass die Skala einen graduellen Verlauf darstellt und nicht in Vergleiche von besser/schlechter münden sollte, was aus seiner Sicht eine Einteilung des dualistischen Denkens wäre. Zwar würden sich alle Wesen auf die höheren Stufen hinbewegen, doch stelle die Skala keine

Bewertung dar, sondern eine Qualitätsbeschreibung, so als würde man das Spektrum des Lichts in seinen jeweiligen Frequenzbändern von Ultraviolett bis Infrarot beschreiben. Jedes Frequenzband hat dabei ihre eigenen Charakteristika und keines existiert allein für sich ohne die anderen.

Um jetzt wieder auf das Thema der Polaritäten-Integration im Zusammenhang mit Spiritualität als religiöser oder spiritueller Zustands-Erfahrung zurück zu kommen, zeigt sich anhand der Hawkins-Skala sehr eindrucksvoll, welch außergewöhnliche Bewusstseinsstufen dem Anwender damit zugänglich werden. Denn wie gesagt, erlebt ein sehr hoher Anteil der Anwender dadurch Core-Zustände, die sich im 500er Bereich obiger Skala befinden, was in der Regel alles übertrifft, was man normalerweise im Alltag erfährt.

Natürlich kann man mit einigen Formen der Meditation und insbesondere durch eine umfassende spirituelle Praxis nach jahrelanger Übung die gleichen, andere und noch wesentlich höhere spirituelle Erfahrungen machen, doch braucht es hierfür in der Regel eben sehr viel Disziplin, Ausdauer, Übung und Zeit. Eine Polaritäten-Integration dauert mit den in diesem Buch angeführten Techniken jedoch teilweise weniger als eine halbe Stunde und führt dabei zuverlässig in den 500er Bereich der Hawkins Skala. Und dies ist meines Wissens durchaus außergewöhnlich.

Manche Anwender, insbesondere solche mit langjähriger Meditationserfahrung und solche, die die Polaritäten-Integrations-Methoden häufig benutzen, erreichen dadurch übrigens sogar noch höhere Bewusstseins-Stufen, doch fallen sie in der Regel alle nach wenigen Sekunden bis Minuten wieder aus diesen heraus. Dies ist typisch für mystische Erfahrungen, die der amerikanische Psychologe William James folgendermaßen beschreibt:

- Sie sind unbeschreiblich: es ist unmöglich, anderen zu vermitteln, was man erlebt hat (ähnlich wie bei anderen Gefühlen oder Sinneseindrücken)

- Obwohl sie den Gefühlen ähnlicher sind, sind sie zugleich Zustände direkten Wissens. Sie sind Zustände der teils tiefen Einsicht in die Wahrheit des Lebens, voller Bedeutung und Erleuchtung. Darüber haben sie die Qualität der zeitlosen Autorität.
- Sie sind meist sehr kurz und flüchtig (höchstens 2 Stunden) und wenn sie wieder weg sind, bleibt ein Gefühl inneren Reichtums und etwas Bedeutsames erlebt zu haben.
- Man kann sie normalerweise nicht direkt herbeiführen.

Nun, und genau der letzte Punkt war bisher das Problem, das inzwischen gelöst erscheint. Denn mit Hilfe der Polaritäten-Integration ist der Zugang zu anderen Arten des Bewusstseins zumindest oberflächlich und für Momente möglich, ohne dass man dafür Jahre seines Lebens mit hartem Training verbringen muss. Und nach einer Sitzung mit dem tiefen PEAT Prozess werden Sie mir zustimmen.

Polaritäten-Integration und Spiritualität als die jeweils höchste Entwicklungsstufe jeder menschlichen Entwicklungslinie:

Wie vorhin bereits angedeutet, gibt es verschiedene Kennzeichen für die höchsten Entwicklungsstufen des Menschen. Einige davon sind:

- Individuen auf diesen Stufen haben jederzeit Zugriff auf ihren rationalen Verstand, doch können sie zugleich auch auf mystische, direkte bzw. nicht-duale Erfahrungen der Wahrheit zurückzugreifen, die generell nicht rational erklärt und oft auch nur in Metaphern oder Paradoxien beschrieben werden können.
- Sie sind fähig zu vielschichtigen Perspektivenwechseln und können Zusammenhänge des Lebens meist ungewöhnlich gut erkennen.
- Sie haben das Wohl der gesamten Menschheit und oft auch aller anderen Lebewesen im Sinn.

- Sie verfügen über ein ausgeprägtes Mitgefühl mit anderen und widmen sich nicht selten dem Dienst an der Menschheit.
- Sie sind friedfertig und wohlwollend.
- Sie sind relativ oder völlig selbstlos.
- Sie erleben eine fundamentale Einheit hinter all den unzähligen Phänomenen des Lebens.
- Sie sind oft frei von innerer Getriebenheit, von Sorge um sich selbst, von Angst und drängenden Begierden.

Nun ist davon auszugehen, dass die meisten von uns die Fähigkeiten und Eigenschaften dieser Liste nicht gerade ihr eigen nennen können. Einige werden vielleicht sogar daran zweifeln, dass es überhaupt Menschen gibt, auf die diese Liste wirklich zutrifft. Andere werden sogar einwenden, dass universelles Mitgefühl, Friedfertigkeit und Selbstlosigkeit zwar gut und schön sein mögen, aber gefährlich und nicht erstrebenswert, da sie Tür und Tor dafür öffnen, von anderen ausgebeutet, übervorteilt und benachteiligt zu werden.

All diese Zweifel und Einwände sind auch durchaus verständlich, doch muss man bedenken, dass die höchsten Entwicklungsstufen naturgemäß nur von sehr wenigen erreicht werden. Laut Ken Wilber und anderen Autoren befinden sich nämlich weit weniger als 0,1% der Menschen stabil in diesen Bereichen.

Dennoch ist es auch für unsereins möglich, zumindest für kurze Zeit Einblicke in die Welt der Entwicklungsstufen jenseits der Rationalität zu bekommen, was häufig bereits ausreicht, um unsere bisherige Sicht der Dinge deutlich in Frage zu stellen. Hierfür bedarf es jedoch entsprechend transformativer Erfahrungen und diese waren bisher größtenteils 3 Personengruppen vorbehalten: jenen, die das Glück hatten, einem fortgeschrittenen Mystiker zu begegnen und in der Begegnung mit diesem höhere Wahrnehmungs- oder Erkenntnisstufen zu erleben; jenen, die eine spontane mystische Erfahrung machten; und jenen, die sich lange und intensiv darum bemühten, indem sie den Anweisungen einer geeigneten religiösen und mystischen Tradition wie z.B. dem Yoga-Weg folgten.

Unter dem Yoga-Weg ist dabei jedoch nicht die im Westen weit verbreitete körperorientierte Yoga-Variante gemeint, sondern der „achtgliedrige Pfad des Yoga" nach Patanjali. Yoga gilt in Indien als DAS Training zur Errungenschaft mystischer Einsichten und bedeutet die experimentelle Vereinigung des Individuellen mit dem Göttlichen. Es basiert auf beharrlicher Übung. Die Regeln für Ernährung, Körperhaltung, Atmung, intellektuelle Konzentration und moralische Disziplin variieren geringfügig je nach dem System, das es lehrt. Der Yogi, der die Begrenzungen seiner Natur durch diese Übungen hinreichend beseitigt hat, betritt dann irgendwann einen Zustand, der als Samadhi bezeichnet wird, und kommt dadurch in Kontakt mit Fakten, die die Instinkte und der Verstand niemals erfahren werden. Er lernt, dass das Bewusstsein einen höheren Zustand einnehmen kann, jenseits des Verstandes, einen überbewussten Zustand, mit dem eine neue Art des Wissens zugänglich wird.

Die Erfahrungen, die der Yogi dabei macht, mögen dabei rein subjektiv und von sehr kurzer Dauer sein und anderen unbedeutend erscheinen. Aber sie sind auf jeden Fall unendlich viel weniger abstrakt und hohl als alles, was die objektive Welt der Seele an Freude bereitstellen kann. Der Unterschied ist der zwischen einem Menschen, der Pudding isst und jenem, der nur das Rezept von Pudding in Händen hält. Und egal, welche Kritik der zweite am Pudding und am Puddingessen äußern mag, sie ist völlig bedeutungslos für den, der den Pudding kennt und liebt.

Während die Anwendung der Polaritäten-Integrations-Methoden natürlich nicht ausreicht, um uns stabil auf die höchsten Entwicklungsstufen zu katapultieren, ermöglichen sie uns dennoch das Kosten des Puddings, sprich, sie ermöglichen uns für kurze Momente Erfahrungen, wie sie für diese Entwicklungsstufen typisch sind. Dadurch können wertvolle Entwicklungsimpulse gesetzt werden, die auf uns wirken können wie Dünger auf eine Pflanze.

Polaritäten-Integration und Spiritualität als eigenständige Entwicklungslinie, die ihrerseits alle Entwicklungsstufen durchläuft:

Ohne zu tief in das Feld der Entwicklungspsychologie einzusteigen, lohnt sich ein kurzer Blick in die Erkenntnisse dieses Fachgebiets, um klarer erkennen zu können, wohin die spirituelle Reise gehen könnte.

Stark vereinfacht lässt sich sagen, dass die spirituelle Entwicklung des Menschen in ihren nicht krankhaften Erscheinungsformen bei unsäglichem Aberglauben und extremer Ich-Bezogenheit beginnt. Mythen werden wörtlich genommen, egal wie absurd sie erscheinen und man beharrt auf die Richtigkeit der eigenen Sichtweise, auch wenn rationale Gegenbeweise erbracht werden, da andere Sichtweisen schlichtweg nicht akzeptiert werden. Christen auf diesen Stufen würden z.B. vehement darauf beharren, dass Maria Jesus tatsächlich unbefleckt empfangen hat oder dass der Papst wirklich unfehlbar ist. Nun, während es eine wunderschöne Metapher sein mag, dass Jesus von einer sehr reinen Seele geboren wurde, ist es völlig absurd zu behaupten, dass Maria als körperliches Wesen ohne sexuellen Kontakt ein Kind empfangen haben kann. Selbst der Hinweis darauf, dass das Dogma der unbefleckten Empfängnis Marias erst 1854 und das Dogma von der Unfehlbarkeit des Papstes erst 1870 von Papst Pius dem IX verkündet worden sind, könnte gegen die Überzeugung eines Christen auf diesen Stufen nichts anrichten, sondern würde eher Wut auslösen.

Die spirituellen Ansichten sind auf diesen Stufen typischerweise sehr dual und polarisierend, was bedeutet, dass ein Schwarz-Weiß-Denken vorliegt. So gibt es Sünder und Tugendhafte, Auserwählte versus Verdammte, Sünde und Erlösung. Das Ziel der mythischen Spiritualität liegt dabei in rein egoistischen Zielen. Entweder man will erlöst werden, von Schmerzen, Leiden, Übel und vom Tod, oder man will, dass eine höhere Macht die Schicksalsfäden so lenkt, dass die eigenen Wünsche erfüllt werden: „Bitte Herr, gib (mir), dass ...!"

Genau diese Erscheinungsformen der Spiritualität sind es aber auch, die durch die logisch denkenden Menschen der Gegenwart ungläubig abgelehnt werden.

> „Es gibt nur eine falsche Sicht: Die Überzeugung, meine Sicht ist die einzig Richtige."
>
> (Nagarjuna)

Im weiteren Verlauf der spirituellen Entwicklung wird man dann zwar immer liberaler und weltoffener, doch lassen sich dahinter noch eine ganze Weile lang egoistische, finanzielle oder machtpolitische Interessen erkennen sowie logische Irrtümer und Verleugnungsstrategien.

Das Mittelfeld der spirituellen Entwicklung ist dann gekennzeichnet durch eine weitaus stärkere Berücksichtigung der Logik. Hier könnte man jemanden wie Jesus durchaus zutiefst als Verkünder ewiger Werte verehren und dabei dennoch offen sein für andere Wahrheitsverkünder, wie z.B. Buddha oder Laotse. Die Polarisierung lässt nach, so dass man die Idee, dass die einen auserwählt sind, während andere verdammt sind, nicht mehr akzeptieren kann. Typisch auf dieser Stufe ist das Erwachen zum Interesse am Kant'schen Imperativ, nämlich „verhalte dich anderen gegenüber so, wie du möchtest, das sie sich dir gegenüber verhalten". Mythen werden auf dieser Stufe in Frage gestellt und wenn, dann als Metaphern verstanden. Die Fragen, ob es Gott gibt, was Gott ist, oder ob Jesus wirklich Gott erfahren hat, führen nicht mehr zu heftigen Gefühlsreaktionen. Nicht die Erfüllung eigener Wünsche, sondern ein reicheres, erfüllteres oder großartigeres Leben in Harmonie mit anderen wird zum Ziel der Spiritualität. Häufig wenden sich Menschen auf dieser Stufe aber von der Religion und Spiritualität ab, da sie diese irrtümlicherweise mit Aberglauben, Mythen und überholten Vorstellungen gleichsetzen.

Auf den höheren Stufen der Spiritualität hat man schließlich nicht mehr die eigene Erlösung zum Ziel, sondern die Entdeckung und Erfahrung der Ganzheit des Seins. Meist geschieht der Schritt in diese Stufen erst nach langjähriger Arbeit an sich selbst kombiniert mit intensiver spiritueller Praxis wie Kontemplation, Meditation und Achtsamkeitsübungen. Auf diesen Stufen verschwinden langsam aber sicher alle Gegensätze und Polaritäten, so dass gut und schlecht, richtig und falsch, Glück und Unglück, Leben und Tod ihre Bedeutung verlieren und im Menschen weder Wollen noch Widerstand auslösen. Ohne Wünsche und ohne Widerstand gegen Unerwünschtes gibt es aber keine innere Spannung und keinen seelischen Schmerz mehr. So erlöschen alles Leid und alle Qual und irgendwann fällt man laut Osho oder Eckhart Tolle in einen tiefen Abgrund der Ekstase, der in der Bibel und auch den Upanishaden als Reich Gottes beschrieben wird.

Jesus Christus sagte zu seinen Jüngern in diesem Zusammenhang: „Wenn ihr die zwei zu eins macht und wenn ihr das Innere wie das Äußere macht und das Äußere wie das Innere und das Obere wie das Untere und wenn ihr das Männliche und das Weibliche zu einem einzigen macht, so dass das Männliche nicht männlich und das Weibliche nicht weiblich ist, und wenn ihr Augen macht anstelle eines Auges und eine Hand anstelle einer Hand und einen Fuß anstelle eines Fußes, ein Bild anstelle eines Bildes, dann werdet ihr in das Königreich (Gottes) eingehen." (Thomas Evangelium)

In diesem Zustand gibt es weder Denken noch Fühlen. Nur noch Dasein. Man ist total „hier" ohne dass es ein „dort" gäbe. Und man ist total „jetzt", ohne dass es ein „dann" gäbe.

Das buddhistische „Herzsutra" beschreibt diese Erfahrung mit folgenden Mantras: „Was Leerheit ist, ist nichts als Form. Was Form ist, ist nichts als Leerheit" und „Gegangen, gegangen, darüber hinausgegangen, voll und ganz darüber hinausgegangen - zum Ufer der Nicht-Dualität. Oh welch ein Erwachen, zum Wohle aller!"

Durch die Anwendung der Methoden der Polaritäten-Integration lässt sich diese Entwicklung beschleunigen, da man die einzelnen Entwicklungsstufen laut Wilber umso schneller durchläuft, je häufiger man höhere Bewusstseinszustände erlebt. Dies ist auch der Grund dafür, warum es so wertvoll ist, regelmäßig oder gar täglich zu meditieren. Da die meisten Menschen jedoch Jahrelange Meditationsübung brauchen, bis sie in die Welt der nicht-dualen Zustände vordringen, können regelmäßige Polaritäten-Integrationen eine sehr wirksame und sinnvolle Ergänzung und Bereicherung der eigenen spirituellen Praxis sein und diese sogar zeitweilig ersetzen.

Polaritäten-Integration und Spiritualität als bestimmte Haltung oder Gesinnung:

Kommen wir nun zur letzten der gängigen Definitionen von Spiritualität. Wenn man Spiritualität als bestimmte Haltung definiert, dann geht es dabei um die Frage der Entwicklung von Gesinnungen wie z.B. Nächstenliebe, Mitgefühl, Güte, Vergebung, Selbstlosigkeit oder Weisheit.

Hierfür ist es unumgänglich, andere Menschen inmitten ihrer Lebenssituation, ihrer Probleme, ihrer Werte, Ziele und Bedürfnisse zu verstehen und anerkennen zu können. Man muss dazu fähig sein, über den Tellerrand der eigenen Bedürfnisse und Werte hinauszuschauen und die Fremdartigkeit anderer zu akzeptieren. Man muss die Position des Egozentrismus aufgeben können, zum Perspektivenwechsel fähig sein, auch eine Metaperspektive einnehmen können, um die Gemeinsamkeiten und Unterschiede überblicken zu können, sowie die wechselseitigen Dynamiken und voraussichtlichen Entwicklungen, die durch die Unterschiede und Unvereinbarkeiten auf dieser Welt existieren. Zudem sollte man seine eigene Schwächen kennen und die eigenen Schattenanteile integriert haben.

Und für all diese Fähigkeiten liefern die Polaritäten-Integrations-Techniken hervorragende Übungen. Durch die Methode „Ivana Ende der Worte" lernt man durch regelmäßige Anwendung, dass nichts auf der

Welt nur positiv oder negativ ist, sondern vielmehr immer eine Reihe von Vorteilen und Nachteilen mit sich bringt. Dies ist der Todesstoß für alle extremen Ansichten, die ja für viele zwischenmenschliche Probleme verantwortlich sind. Durch die ständige Übung des Perspektivenwechsels bei der Anwendung der Methoden dieses Buchs wird man zudem toleranter, versteht andere zunehmend besser und durch die Möglichkeit der Schattenintegration erkennt man die Fehler der anderen auch früher oder später automatisch bei sich selbst.

Durch die Erfahrung, dass man mit der gesamten Schöpfung und allen Menschen eine organische Einheit bildet, so wie die rechte und die linke Hand eines Menschen zu ein und dem gleichen Organismus gehören, wird man zudem dazu befähigt, andere wirklich zu lieben. Aus diesem Grund bieten die Polaritäten-Integrations-Methoden bei regelmäßiger Anwendung ein ausgezeichnetes Instrument zur Entwicklung einer wirklich spirituellen Haltung.

Die Praxis der Polaritäten-Integration

Egal ob es darum geht, emotionale und mentale Belastungen zu beseitigen, die eigene Persönlichkeitsentwicklung zu beschleunigen oder in höhere spirituelle Ebenen vorzudringen, wenn man das gesamte Potenzial der Polaritäten-Integrations-Methoden für sich nutzen möchte, muss man sie regelmäßig anwenden. Dies erfordert ein hohes Maß an Disziplin und Bereitschaft, an sich selbst zu arbeiten, lohnt sich aber vielfach.

Die besten Resultate erzielen meinem Wissen nach diejenigen Personen, die ein spirituelles oder meditatives Leben führen und PEAT, Ivana Ende der Worte etc. in ihre spirituelle Praxis integrieren. Dabei gilt generell, dass die Wirkung besser ist,

a. je häufiger man praktiziert

b. Wenn man sich zusätzlich mit dem Thema „Nichtdualität" beschäftigt, indem man regelmäßig spirituelle Literatur liest, die den Aspekt der Nichtdualität berücksichtigt

c. Wenn man die Anwendung von Polaritäten-Integrations-Methoden mit einer bereits bestehenden spirituellen Praxis kombiniert, insbesondere, wenn letztere als positiv und erfüllend erlebt wird

d. Wenn man parallel zur Anwendung der Polaritäten-Integrations-Methoden auch einen meditativen Lebensstil pflegt, in dessen Rahmen man im Alltag permanent daran arbeitet, die eigene Achtsamkeit und das eigene Spürbewusstsein zu verbessern. Hierfür eignen sich Methoden wie die „Selbsterinnerung" nach Gurdjieff (siehe später), die Durchführung des „Kurs in Wundern", permanente Wiederholung von Mantras, permanentes Achten auf die eigene Atmung, permanentes Achten auf die Körperwahrnehmung bei Bewegungen, etc.). Ein solcher Lebensstil beinhaltet, so wenig neue Ladung aufzubauen wie möglich.

e. Wenn man mit einem Partner bzw. einer Partnerin zusammenarbeitet

f. Wenn man im Rahmen einer Gruppe Gleichgesonnener arbeitet

g. Wenn man mit verschiedenen Polaritäten-Integrations-Methoden arbeitet und die optimale Methode für das jeweilige Problemthema wählt

h. Wenn man systematisch prozessiert.

Zu a) Regelmäßige Anwendung:

Da einige Polaritäten-Integrations-Methoden einen äußerst angenehmen psychischen Zustand ermöglichen, ist ihre Anwendung wesentlich attraktiver als viele andere spirituelle Methoden, die es auf dem Markt gibt und führt dabei zuverlässiger und schneller zu erwünschten Resultaten.

Die Tatsache, dass man sich mit einigen der Polaritäten-Integrations-Methoden mit etwas Übung in nur etwa 10 bis 15 Minuten in einen wohligen Zustand versetzen kann, macht es zudem sehr leicht, sich täglich kurz für wenigstens einen Prozess aufzuraffen. Wenn man diese Überwindung ein Jahr lang aufbringt, hat man schließlich ohne großen Aufwand bereits 365 Prozesse durchgeführt und dadurch in einigen Problembereichen höchst wahrscheinlich dramatische Veränderungen erreicht.

Wenn man statt einem Prozess täglich aber gleich mehrere durchführt und sich hierfür eine halbe Stunde oder gar mehr reserviert, stellen sich die gleichen Resultate entsprechend schneller ein und man kann parallel dazu auch aktuelle Alltagsbelastungen bearbeiten, bevor sich diese in Gedankenkreisen oder negativen Befindlichkeiten niederschlagen können. Dadurch erreichen Intensivanwender viel leichter eine allgemeine Gelassenheit den Problemen des Lebens gegenüber, als dies bei Gelegenheitsanwendern zu erwarten ist.

Zu b) Die zusätzliche Beschäftigung mit dem Thema „Nichtdualität":

Es ist zwar nicht unbedingt nötig, hilft den meisten Menschen aber dennoch, wenn sie ihre Erfahrungen mit den Polaritäten-Integrations-Methoden in einem größeren Kontext verstehen können. Da wir im Alltag durch und durch an eine dualistische Sichtweise der Dinge gewöhnt sind, hilft uns die Beschäftigung mit theoretischem Wissen über Nichtdualität und entsprechenden Erfahrungsberichten und Geschichten, den Wert der eigenen Erlebnisse besser würdigen zu können und „schlechte" Angewohnheiten schneller zu beseitigen. Zudem ist derlei Literaturstudium oft sehr inspirierend und motiviert, die eigene Übungspraxis fortzusetzen.

Zu c) Die Kombination von Polaritäten-Integrations-Methoden mit anderen meditativen, spirituellen Techniken:

Wer bereits mit Freude und Erfolg meditiert, Yoga praktiziert oder sonst eine psycho-spirituelle oder irgendwie wohltuende und entspannende Technik anwendet, kann enorm davon profitieren, diese mit einer oder mehreren Polaritäten-Integrations-Methoden zu ergänzen. Da keine Methode langfristig alle Bedürfnisse und Vorlieben einer Person abdecken kann, ist es immer gut, je nach Bedarf auf Verschiedene zurückgreifen zu können. Das macht die Praxis abwechslungsreicher und reduziert die Wahrscheinlichkeit, aufgrund von Monotonie die Lust am Üben zu verlieren. Darüber hinaus habe ich die Erfahrung gemacht, dass sich die Methoden ergänzen und so die Gesamtwirkung auf die Psyche verstärken. In den meisten Fällen sind die positiven Wirkungen von Entspannungsübungen, Yoga, Kontemplation und Meditation nämlich unspezifisch und man kann mit ihnen nur selten direkt an spezifischen Problemen arbeiten. Dies ist jedoch eine der Besonderheiten der Polaritäten-Integrations-Methoden und so kenne ich einige Personen, die sowohl regelmäßig meditieren als auch prozessieren und von der Kombination der beiden Ansätze begeistert sind.

Da man beim Meditieren insbesondere als Meditationsanfänger ständig von Gedanken und inneren Szenen abgelenkt wird, kann es zudem ausgesprochen hilfreich sein, Polaritäten-Integrations-Methoden direkt in die Meditationssitzungen einzubauen. Meine diesbezügliche Erfahrung ist, dass ich schneller und tiefer in die Meditation gleite, wenn ich zu Beginn der Sitzung eine der grundlegenden Polaritäten dieser Welt integriere und die Leere, die ich dadurch erlebe, in der daran anschließenden Meditation vertiefe. Bemerke ich, dass sich Störgedanken um ein bestimmtes Thema drehen, bearbeite ich dieses im Rahmen der Meditationssitzung kurz mit einem Universal Prozess oder einem Basis PPI (siehe später im Buch), und fahre danach mit der ursprünglichen Meditation fort.

Wer noch keine Vorliebe für bestimmte meditative Praktiken entwickelt hat, kann PEAT etc. aber auch als eigenständige spirituelle Praxis für sich nutzen. Ich selbst bin erst nach über 20 Jahren Meditationserfahrung auf den Polaritäten-Integrations-Ansatz gestoßen und war von den Wirkungen so überwältigt, dass ich die in diesem Buch beschriebenen Methoden jedenfalls mit großem Erfolg mit meinen üblichen Meditationen kombiniere.

Zu d) Das Einbeziehen von Polaritäten-Integrations-Methoden in einen generellen meditativen Lebensstil:

Dieser Punkt beschleunigt und verstärkt die Wirkungen der Polaritäten-Integration wahrscheinlich mehr als alle anderen. Solange das Integrieren von Polaritäten oder auch jede beliebige andere spirituelle Methode nämlich nur punktuell ausgeführte Tätigkeiten sind, die in einen ansonsten von dualistischen Sichtweisen geprägten Alltag eingebaut werden, wird sich ihre transformative Wirkung immer nur begrenzt entfalten können.

Das ist leicht zu veranschaulichen: denn welches Ergebnis würden Sie erwarten, wenn jemand täglich 30 Minuten damit verbringt, mentale und emotionale Ladung abzubauen und die restlichen Stunden des Tages damit, derartige Ladung wieder aufzubauen? Wohl ein weitaus weniger beeindruckendes als bei einer anderen Person, die während der Zeit des aktiven Übens Ladung abbaut und zusätzlich während des gesamten Alltags permanent darauf ausgerichtet ist, keine neue Ladung aufzubauen.

Und wie sieht es aus, wenn man im Alltag Ladung aufbaut bzw. versucht, neue Ladung zu vermeiden? Nun, man baut Ladung auf, indem man sich über die Zustände, Vorfälle und Ereignisse des Lebens ereifert und sich emotional in sie hineinsteigert, indem man sich auf schädigende und unethische Art verhält und empfindlich auf alles reagiert, was einem nicht gefällt. Dies alles sind Verhaltens- und Reaktionsmuster, die Carlos Castanedas Lehrer Don Juan zusammengefasst als „sich gehen lassen" bezeichnete.

Umgekehrt baut man wenig oder im Idealfall keine neue Ladung mehr auf, wenn man dem Leben gegenüber eine akzeptierende, widerstandsfreie, offene, verantwortliche und liebevolle Haltung einnimmt, so wie der taoistische Bauer aus dem ersten Kapitel dieses Buches.
Wie oben bereits erwähnt, gibt es für den Erwerb einer meditativen Grundhaltung viele Möglichkeiten, von denen mir außer den in Kapitel 1 genannten Strategien das permanente Bemühen um Achtsamkeit und Spürbewusstsein (permanentes Achten auf die eigene Atmung, auf die

Körperwahrnehmung bei Bewegungen, etc.) vertraut sind, sowie Methoden wie die „Selbsterinnerung" nach Gurdjieff (siehe später), die Praxis der Gegenwart Gottes oder die permanente gedankliche Wiederholung von Mantras. Darüber hinaus kenne ich Personen, die sehr gute Erfahrungen mit dem „Kurs in Wundern" machen, den sie regelmäßig wiederholen.

Zu e und f) Das Zusammenarbeiten mit einem Partner oder einer Gruppe Gleichgesonnener:

Während man viele Meditationen nur allein durchführen kann, ist die Wirkung bei der Anwendung von Polaritäten-Integrations-Methoden in der Regel stärker, wenn man sich von einer anderen Person durch die Prozesse führen lässt.

„Denn wo zwei oder drei versammelt sind in meinem Namen, da bin ich mitten unter ihnen."

(Jesus von Nazareth nach Matthäus 18)

Therapeutische Arbeit ist in der Regel eine Zwei-Personen-Aktivität. Die eine Person (der Therapeut oder Prozessanleiter) steuert dabei den Prozess und die andere taucht tief in den Prozess ein und erforscht dabei die Inhalte ihres Erlebens. Da die Person, die sich in der Rolle des Klienten befindet, meist mit unangenehmen oder schmerzlichen Erfahrungen konfrontiert ist, benötigt sie normalerweise jemanden, der sie durch den Prozess führt. Wenn man den Prozess alleine anwendet, muss man dagegen beide Rollen selbst ausfüllen, was erfahrungsgemäß schwieriger ist.

Aus diesem Grund haben wir in München vor einigen Jahren eine Übungsgruppe ins Leben gerufen und wir treffen uns regelmäßig zur Anwendung der Methoden, zum Experimentieren und zum gemeinsamen

Austausch. Die Treffen sind für die meisten von uns zu einem monatlichen Highlight geworden und die Resultate sind ausgezeichnet.

Darüber hinaus kenne ich einige Personen, die sich regelmäßig über Skype verabreden und gegenseitig prozessieren. Auch diese Variante ist sehr erfolgreich.

In der Summe ist auf diese Weise inzwischen ein Netzwerk entstanden, in dessen Rahmen sich Menschen gegenseitig dabei unterstützen, ein ausgeglicheneres und glücklicheres Leben zu führen.

Zu g) Das bedarfsorientierte Kombinieren verschiedener Polaritäten-Integrations-Methoden:

Da jede Polaritäten-Integrations-Methode ihre eigenen Vorzüge und optimalen Einsatzbereiche hat, ist es sinnvoll, mehrere davon zu erlernen und die jeweils geeignetste Methode für die vorliegenden Problemthemen anzuwenden. Das hierfür notwendige Wissen erwirbt man am besten im Rahmen von Workshops, die von erfahrenen Anwendern angeboten werden, sowie durch entsprechende Literatur.

Zu h) Das systematische Vorgehen:

Während natürlich jede Durchführung von Polaritäten-Integrationen besser ist als gar keine, führen manche Vorgehensweisen zu besseren Resultaten als andere. Aus diesem Grund ist es sehr zu empfehlen, nach einer Phase des Experimentierens systematisch vorzugehen. Da ich im vorigen Kapitel bereits einige Anregungen dazu gegeben habe, wie dies aussehen könnte, möchte ich hier nur noch eine zusätzliche Variante erwähnen.

Ich kenne einige Anwender, die große Freude damit hatten, archetypische Bilder in ihre Persönlichkeit zu integrieren. Je nach ihren Neigungen und Interessen verwendeten sie hierfür die Bilder von Tarot-Karten, die Zeichen des I-Ging oder astrologische Sternzeichen, Planeten und Planeten-Konstellationen bzw. deren Bedeutungsinhalte.

Darüber hinaus kenne ich noch einige andere äußerst interessante Anwendungsmöglichkeiten, die ich jedoch nicht in diesem Buch veröffentlichen möchte.

Das Ego und die Welt der polaren Gegensätze

Aus der Sicht der non-dualen Mystik gibt es für uns als bewusste menschliche Wesen grundsätzlich 2 Möglichkeiten der Erfahrung:

Die eine ist dadurch charakterisiert, dass wir die Welt und uns selbst voller Gegensätze, Widersprüche und Probleme erleben, von unseren Bedürfnissen, Wünschen, Hoffnungen und Ängsten hin und her gerissen werden und dabei das Gefühl haben, vom Rest der Welt getrennt zu sein.

Bei der anderen wird die Welt nicht als Ansammlung von Einzelteilen wahrgenommen, sondern als vollständiges Ganzes, in das man vollkommen integriert ist. Man lebt ohne Widerstand gegen die Geschehnisse innerhalb dieses Ganzen, und erfährt die Einheit zwischen sich und dem Rest der Schöpfung.

Da es nur sehr wenige Menschen gibt, die dieses Einheits-Bewusstsein kennen und noch weniger, die die Welt permanent als Einheit erleben, wird es von vielen als illusionäre Sehnsucht abgetan. Doch dem ist nicht so. Nur weil die meisten etwas noch nicht erlebt haben, heißt dies noch lange nicht, dass dieses etwas nicht existiert. Denken sie nur einmal an die Röntgenstrahlen, die bis 1895 auch niemand kannte, die aber trotzdem schon längst vor ihrer ersten Entdeckung durch Wilhelm Conrad Röntgen existierten.

Dass dieses Einheits-Bewusstsein so selten ist, liegt daran, dass wir alles was wir wahrnehmen ständig bewerten und mit unseren früheren Erfahrungen vergleichen. Das Bewerten ist uns dabei nicht von Geburt an gegeben. Als Säuglinge hatten wir noch keine Vorstellung von gut und schlecht oder richtig oder falsch und wir nahmen das Leben einfach so wie es sich uns präsentierte. Babys bewerten und interpretieren noch nicht. Sobald jedoch das Denken einsetzt und sich in jede Erfahrung einmischt, beginnt das ständige Bewerten, wodurch die wahrgenommene Realität zergliedert und in Besser und Schlechter eingeteilt und gespalten wird. Diese Tendenz verfestigt sich dann im Laufe des Lebens und verselbständigt sich so vollständig, dass man ihr gänzlich ausgeliefert zu sein scheint.

Dieses automatisch ablaufende Programm des ununterbrochenen Denkens und Bewertens ist im Verbund mit dem Gedächtnis der Kern dessen, was man als Ego bezeichnet.

Das Bewerten der Dinge anhand eines Vergleichs mit eingespeicherten früheren Erfahrungen führt dabei zu einem ständigen Anhäufen von emotionaler und mentaler Ladung, die wie eine dicke Wolkenschicht zwischen uns und er Welt liegt und uns das Gefühl gibt, völlig vom Rest der Existenz getrennt zu sein. Dies ist auch der Grund, warum der indische Mystiker Osho immer wieder darauf hinwies, dass das Ego nur ein Spannungszustand sei und nicht unser wirkliches Zentrum.

Hinter der rastlosen Denk- und Bewertungsaktivität des Egos verbirgt sich jedoch unser wahres Wesen, unser Bewusstsein, als ewiges Hier und Jetzt, als untrennbares Eines. Allerdings halten uns die Aktivitäten des Egos derartig auf Trab und binden all unsere Aufmerksamkeit und Energie so stark, dass es uns normalerweise unmöglich ist, diese Einheit direkt zu erfahren.

Als Analogie dafür möchte ich, wie bereits im 1. Kapitel, an die Kinoleinwand erinnern, auf der ein spannender Film zu sehen ist. Während uns der Film in seinen Bann schlägt und wir gespannt verfolgen, was die einzelnen Personen in der verfilmten Geschichte erleben, ist es uns praktisch unmöglich zu bemerken, dass das einzig wirklich real Greifbare an dem Ganzen die Leinwand ist. Der Film und seine Inhalte binden unsere gesamte Aufmerksamkeit und im Vergleich zu ihm erscheint die Leinwand auch völlig uninteressant und langweilig.

Ein weiterer interessanter Aspekt dieser Analogie ist der, dass wir beim Betrachten des Films den Eindruck haben, dass tatsächlich verschiedene Filmfiguren miteinander in Kontakt treten. Diese Filmfiguren wirken dabei räumlich voneinander getrennt. In Wirklichkeit gibt es aber zu jedem Zeitpunkt des Films immer nur die eine Leinwand jenseits aller vermeintlichen Getrenntheit der Filmfiguren. Wir sehen also eine Vielheit von Figuren und Szenarien und freuen uns oder ängstigen uns je nach Handlung, während in Wirklichkeit nur eine Leinwand existiert, mit der während des ganzen Films überhaupt nichts passiert, außer dass eine bewegliche Abfolge von Helligkeits- und Farbvarianten in einem Lichtkegel auf sie fällt. Und niemand bemerkt diese Leinwand. Würde der Film jedoch angehalten werden, so dass die Ablenkung durch dessen Inhalte aufhört, könnte man die Leinwand sehr viel leichter erkennen.

Ähnlich verhält es sich mit unserer Wahrnehmung der Welt. Während all unsere Erlebnisse in der Einheit stattfinden, sind wir durch unser Denken, Bewerten und Vergleichen dieser Erlebnisse so mit ihnen beschäftigt, dass wir die Einheit nicht erfahren können, die wie die Leinwand in obigem Beispiel dennoch immer gegenwärtig ist. Wann immer wir etwas wahrnehmen, bewerten wir es und lesen eine Bedeutung in es hinein. Es bedeutet uns etwas. Dies ist für uns so selbstverständlich, dass wir auf keine andere Art mehr denken können. Aufgrund der Bewertung empfinden wir aber auch sofort etwas gegenüber dem Objekt und so entstehen Begehren und Abneigungen.

„Man kann die Dinge nicht klar sehen, wenn man Erwartungen, Annahmen, Sehnsüchte, oder Widerstände gegen sie hat."

(Harry Palmer)

Wenn wir zur Erfahrung der Einheit allen Seins zurückkehren wollen, haben wir somit mehrere Ansatzmöglichkeiten:

- Wir können uns darin üben, weniger und weniger zu bewerten und zu vergleichen, was das gleiche bedeutet, wie eine gelassenere Haltung zu entwickeln, in der wir weniger emotionale und mentale Ladung aufbauen. Weniger zu bewerten heißt auch, dass wir uns nicht mehr ständig mit Dingen beschäftigen, die wir entweder unbedingt haben wollen oder aber vermeiden bzw. loswerden wollen.

- Wir können uns darin üben, das Denken zu beruhigen und im Idealfall anzuhalten, wie es durch die verschiedensten meditativen Praktiken angestrebt wird.

- Und wir können unsere Probleme lösen, die ja nichts anderes sind als emotionale und mentale Ladung in Bezug auf bestimmte Themen oder Situationen.

Jede dieser Strategien verringert unsere emotionale und mentale Ladung und irgendwann reißt der Schleier zwischen uns und dem Rest der Existenz und wir erfahren das was wir wirklich sind, unser wahres Selbst. Dieses Selbst ist reines Bewusstsein ohne jegliche Materie, Energie, Raum und Zeit. Wenn es aber weder aus Materie, noch aus Energie besteht, kann es auch keinen Raum einnehmen, was bedeutet, dass es nie erschaffen wurde. Es existiert außerhalb der Zeit, als ewiges Hier und Jetzt. Und es gibt keinerlei Unterschied zwischen dem Hier und Jetzt in mir und im Rest der Existenz.

Aus dieser Perspektive gibt es in der spirituellen Entwicklung somit nichts, was wir entwickeln oder erreichen könnten. Vielmehr beseitigen wir dabei nur alle Ladung, die uns die Erfahrung dessen versperrt, was immer schon war, ist und immer sein wird. Wir beseitigen also nur das, was wir nicht sind bis nur noch das übrig ist, was wir wirklich sind.

Die Methoden der Polaritäten-Integration berühren alle drei der eben genannten Strategien. Sie beseitigen sehr schnell große Mengen an Ladung im Hinblick auf ein bestimmtes Thema, sie schwächen alle diesbezüglichen Bewertungen ab und führen darüber hinaus zu einem kurzen Gedankenstopp.

Übung:

Achten sie einmal bewusst für den Zeitraum einer Stunde oder auch länger darauf, wie oft sie irgendetwas bewerten oder mit etwas anderem vergleichen. Sie werden vielleicht überrascht sein. Sie tun es nämlich ständig. Und dann probieren sie einmal aus, welchen Unterschied es macht, wenn sie das Bewerten aufhören, sobald sie es bemerken.

Im Kampf zwischen Gut und Böse siegt das höhere Gute

Eine der wertvollsten Beiträge der Polaritäten-Integrations-Methoden zur Aussöhnung mit dem Leben ist die Tatsache, dass man dabei immer und ausnahmslos die Erfahrung macht, dass das Gute über das vermeintlich Böse oder Schlechte siegt.

Probieren sie es aus: egal welche Polarität sie wählen, am Ende der Integration werden sowohl der ursprünglich positive als auch der negative Pol verschwunden sein und ein transzendenter aber friedvoller Zustand wird übrigbleiben. Nach der Integration werden sie im Alltag dann feststellen, dass der positive Pol präsenter ist als der negative, und dass der negative deutlich an Macht eingebüßt hat.

Während uns die Weltreligionen und Heilsprediger der Geschichte schon seit Jahrtausenden mit dem Versprechen über das Leid in der Welt hinweg trösten wollen, dass das Gute letzten Endes über das Böse siegen wird, macht es uns die Realität des Lebens reichlich schwer, diese Aussage zu glauben. Zu oft scheinen Übeltäter auf Erden straflos davon zu kommen und überall scheinen gute und unschuldige Menschen Opfer von irgendwelchen Gräueln und von himmelschreiendem Unrecht zu werden.

Während dies alles durchaus wahr sein mag, scheint unsere Seele jedoch anderen Gesetzen zu folgen. David Hawkins sagte, dass es in der Welt der niedrigsten Energiestufen so aussieht, als gäbe es ausschließlich Probleme und keine Lösungen, während es auf den höheren Energiestufen nur noch Lösungen gibt, und keine Probleme mehr. Auf den allerhöchsten Energiestufen gibt es schließlich weder Probleme noch Lösungen, da alles als Eins erlebt wird.

Da unsere Seele offensichtlich in höheren Energie-Stufen beheimatet ist und nur vorübergehend unter emotionalem und mentalem Müll verschüttet werden kann, haben alle, die sich über dem Energielevel der Depression befinden die Möglichkeit, den Test selbst zu machen. Nach einigen Polaritäten-Integrationen werden sie dadurch die Gewissheit erwerben, dass das Gute tatsächlich über das Schlechte siegt und dass Plus und Minus in der spirituellen Welt mehr ergeben als Null. Auch wenn diese Erfahrung bisher nur wenigen Menschen vorbehalten war, während alle anderen auf ihren Glauben zurückgreifen mussten, steht es nun jedem frei, sich von der Wahrheit dieses Sachverhalts selbst zu überzeugen.

Dieser Aspekt der Polaritäten-Integration ist bereits für sich allein gesehen ausreichend, um in einigen Fällen Leid zu lindern, Zuversicht zu schüren, Menschen mit dem Schicksal auszusöhnen und ihnen in schweren Zeiten Trost zu spenden.

Die nicht duale oder Einheitserfahrung

Daniel Goleman beschreibt in seinem Buch „The Meditative Mind" zwei meditative Pfade, denen man seiner Meinung nach die wichtigsten spirituellen Methoden aller großen Religionen und mystischen Schulen zuordnen kann. Den einen bezeichnet er als den „Pfad der Konzentration" und den anderen als den „Pfad der Achtsamkeit" bzw. „Pfad der Einsicht". Beide Pfade führen bei konsequenter und intensiver Übung früher oder später zu ähnlichen Erfahrungen, die allesamt in das Reich der Nicht-Dualität oder Einheit münden. Diese nicht-dualen Erfahrungen werden im Zen-

Buddhismus als Kensho und in der indischen Mystik als Samadhi bezeichnet, wobei es mehrere Stufen dieser Einheitserfahrungen gibt, die immer tiefer und umfassender werden können, bis der Meditierende vielleicht eines Tages in der Erleuchtung zu einer endgültigen Einheit mit allem erwacht.

Beim Pfad der Konzentration beginnt diese Reise damit, dass man seine Aufmerksamkeit so lange wie möglich auf ein inneres oder äußeres Objekt richtet, ohne sich durch andere Gedanken davon ablenken zu lassen. Innere Objekte können dabei z.B. die eigene Atmung sein, körperliche Energiezentren (Chakras), visualisierte Bilder oder heilige Silben (Mantras), die man denken, summen oder sogar laut singen kann. Als äußere Objekte eignen sich z.B. eine Kerzenflamme, Heiligenbilder oder auch religiöse Gesänge oder monotone rhythmische Musik.

Meist dauert es viele Jahre intensiver Konzentrationsübungen, bis schließlich ein Moment kommt, an dem der Geist mit seinem Meditationsobjekt verschmilzt. An diesem Punkt verschwinden alle ablenkenden Gedanken vollständig, sowie die Wahrnehmung des eigenen Körpers. Hier ist die erste Stufe der Versenkung, das Kensho oder Samadhi, erreicht. Was folgt, ist die Erkenntnis, endlich am lang ersehnten Ziel angekommen zu sein, verbunden mit einem Moment der Ekstase oder tiefen Dankbarkeit. Manchmal erlebt der Meditierende dabei laut Goleman eine alles durchdringende Freude, wird von Wellen der Glückseligkeit überflutet, die seinen Körper immer wieder durchströmen, ihm Gänsehaut am ganzen Körper verursachen oder ihm das Gefühl vermitteln, zu schweben. Oft sind diese Erfahrungen zunächst nur selten und von kurzer Dauer, doch werden sie mit zunehmender Übung und Erfahrung länger und häufiger. Schließlich kommt der Punkt, an dem der Meditierende die Einheitserfahrung jederzeit, überall, wann und wie lange er will erzeugen und aufrecht halten kann.

Beim Pfad der Achtsamkeit bzw. Einsicht geht es nicht darum, die eigene Konzentrationsfähigkeit Laser-artig zu verdichten, um dadurch in fortgeschrittenen Stadien in den Genuss von Seligkeitserfahrungen zu kommen. Vielmehr geht es hier darum, eine rezeptive Haltung einzunehmen und zu lernen, die Welt so wahr zu nehmen, als würde man sie zum ersten Mal wahrnehmen, ohne auch nur das Geringste über sie zu wissen.

Bei der Achtsamkeitsmeditation beginnt man damit, einfach in Ruhe zu registrieren was auch immer einem die Sinne und Gedanken darbieten. Tauchen im Geiste Urteile oder Kommentare zum Wahrgenommenen auf, werden auch diese einfach nur registriert, ohne dass man in ihnen schwelgt oder sie loszuwerden versucht. Ebenso wie beim Weg der Konzentration ist dies anfangs ein sehr schwieriges Unterfangen, da der Mensch daran gewöhnt ist, seine Aufmerksamkeit auf die Außenwelt zu richten, um dort Genüssliches zu finden und Leidvolles zu vermeiden. Doch mit der Zeit wird es dem Meditierenden auch hier gelingen, über immer längere Zeiträume seine eigene Innenwelt zu beobachten.

Im Wesentlichen geht es auf dem Pfad der Einsicht somit um eine klare und vollständige Wachsamkeit in Bezug auf das, was uns und in uns in jedem Moment passiert, ohne darauf zu reagieren. Ist der Meditierende schließlich in der Lage, jede Bewegung seines Geistes ohne Ablenkung und Unterbrechung zu bemerken, hat er wie beim Pfad der Konzentration die erste Stufe der Versenkung, Samadhi, erreicht. An diesem Punkt tauchen das Wahrnehmungsobjekt (Körpersensationen, Gedanken, innere Bilder, Emotionen, äußere Sinneseindrücke) und der Wahrnehmungsprozess in einer ununterbrochenen Abfolge gleichzeitig auf, so dass beide als Einheit erlebt werden.

Wenn Daniel Goleman mit seiner Beschreibung der großen meditativen Pfade Recht hat, dann ist es geradezu ungeheuerlich, dass man mit Hilfe der Polaritäten-Integration heute in weniger als einer Stunde nicht-duale Einheitserfahrungen machen kann. Sowohl auf dem Pfad der Konzentration als auch auf dem Pfad der Achtsamkeit wird diese Art von Erfahrungen nämlich als schwer zu erreichendes Ziel beschrieben, für das der Sucher oft jahrelange Strapazen auf sich nehmen muss.

Dem gegenüber stehen freilich schon immer die Aussagen von Meistern des Taoismus, des Zen-Buddhismus und anderen Mystikern wie z.B. Osho oder Krishnamurti, die unermüdlich predigten, dass die (nicht-duale) Wahrheit hier und jetzt sofort erkannt werden kann, ohne dass jahrelang Übungen dafür absolviert werden müssen. Meist ermutigten sie ihre Schüler, so vollständig wie möglich im jetzigen Moment aufzugehen und vollständig spürbewusst zu sein, so dass dabei jegliches Denken aufhört. Dies ist jedoch leichter gesagt, als getan.

Leider ist von den Urvätern der Polaritäten-Integration, nämlich von Laotse und anderen alten Meister des Taoismus eher die Geisteshaltung überliefert und beschrieben, als die technischen Details, mit denen sie diese Haltung für sich erringen konnten. Dennoch gab es in der Geschichte der Menschheit immer wieder spirituelle Adepten, die direkt oder indirekt auf den ungeheuren Wert der Polaritäten-Integration für die spirituelle Entwicklung eines Menschen eingingen.

> „Im höchsten Selbst nur lebend, ohne Begehren, befreit von Lust und Leid der Gegensätze, geht unbeirrt man so zur ewigen Stätte."
>
> (Bhagavad Gita)

Einer davon war ein Großmeister des Zen-Buddhismus mit dem Namen Hui Neng, der vor ca. 1300 Jahren lebte.

Hui Neng

Hui Neng, der als der 6. Patriarch des Zen-Buddhismus in die Geschichte einging, lebte im 7. Jahrhundert nach Christus und wird von einigen Sachkundigen als der eigentliche Vater des chinesischen Zen angesehen, da er dem damals existierenden Zen-Buddhismus eine neue Prägung verlieh.

Laut den historischen Aufzeichnungen kam Hui Neng als einfacher und ungebildeter Mann ins Kloster und konnte weder lesen noch schreiben. Deshalb erhielt er dort zunächst eine Arbeit als Küchengehilfe, bis der Abt des Klosters, der 5. Patriarch im Sterben lag und seinen Nachfolger unter den Mönchen suchte. So gab er Anweisung, dass derjenige, der sich für dieses Amt berufen fühlte, seine spirituelle Erkenntnis auf eine für alle sichtbare Tafel schreiben solle. Doch es gab nur einen, der sich dies traute, nämlich den brillantesten seiner Schüler und Mönchsältesten Shen Hsiu. Dieser schrieb:

„Der Körper ist ein Bodhi Baum, der Geist ein glänzender stehender Spiegel.

Poliere ihn ohne Unterlass und lasse nicht zu, dass sich Staub darauf sammelt."

Als Hui Neng diese Zeilen vernahm, sagte er, dass er einen besseren Vers wüsste und bat jemanden, folgende Zeilen für ihn auf die Tafel neben den Text von Shen Hsiu zu schreiben:

„In Wirklichkeit gibt es keinen Bodhi-Baum, und auch der glänzende Spiegel hat keinen Stand.

In Wirklichkeit gibt es kein einziges Ding. Wovon also könnte Staub angezogen werden?"

Nachdem Hui Neng diesen Vers vorgetragen hatte, waren die Mönche um ihn herum sprachlos und Hui Neng wurde vom 5. Patriarchen zu seinem Nachfolger gewählt.

In seiner neuen Rolle als 6. Patriarch des Zen schrieb Hui Neng dem Thema der Polaritäten-Integration später eine sehr große Bedeutung zu. Laut Überlieferung beantwortete er die Frage, wie man die eigene wahre Natur erkennen könne, unter anderem mit der Aussage, man solle hierfür an der Integration ausgewählter Polaritäten arbeiten, wodurch man sowohl die Welt als auch sich selbst in der Welt in völliger Harmonie erfahren werde. Für den tief erleuchteten Hui Neng war der Mensch gefangen in der Illusion existierender Gegensätze, aus der es sich zu befreien galt. Durch die Befreiung von der Erfahrung der Pole als Gegensätze könne man dieser Illusion entkommen, aus der Welt der Vorstellungen austreten und aufhören, sich an sie zu binden. Erst dann könne man frei wählen, ob man seine gedanklichen Konstrukte entweder verlassen oder in ihnen verbleiben wolle.

Um seinen Schülern dabei zu helfen, aus der Integration von Polaritäten den größtmöglichen Nutzen zu ziehen, formulierte Hui Neng eine Liste mit den seiner Meinung nach wichtigsten Polaritäten. Er empfahl seinen Schülern, über diese zu meditieren, bis sie dazu fähig waren, die jeweiligen gegensätzlich erscheinenden Pole als die zwei Seiten einer gemeinsamen Medaille zu erleben und idealerweise zu integrieren. Hui Nengs Liste umfasst dabei laut Zivorad Slavinski folgende Polaritäten:

1. Himmel und Erde
2. Sonne und Mond
3. Licht und Dunkelheit
4. Positives Element und negatives Element
5. Feuer und Wasser
6. Reden (Sprache) und Dharma
7. Affirmation und Negation
8. Materie und Nicht-Materie (materiell und nicht materiell)
9. Form und Formlosigkeit
10. Materie und Leere
11. Bewegung und Stillstand (Ruhen)
12. Reinheit und Schmutz (Sauberkeit und Unsauberkeit)
13. Gewöhnliche Menschen und Weise
14. Das Religiöse und das Weltliche
15. Leben und Tod
16. Alt und Jung

17. Groß und Klein
18. Lang und kurz
19. Gut und Schlecht
20. Eingebildet und gebildet
21. Der Nichtwissende und der Weise
22. Gestört und harmonisch
23. Barmherzig und böse
24. Abstinent und sich alles erlaubend
25. Aufrichtiger Mensch und Betrüger
26. Voll und leer
27. Gerade und schief
28. Körper und Geist
29. Dauerhaft und vergänglich
30. Barmherzig und brutal (grob)
31. Glücklich und wütend
32. Großzügig und geizig
33. Voranschreiten und sich zurückziehen
34. Das Bestehende und das Nichtbestehende

Mit welchen Methoden Hui Nengs Schüler die Integration dieser Polaritäten erreichten und wie lange die Integration einzelner Gegensatzpaare dauerte, ist mir leider nicht bekannt. Und offensichtlich war es auch Daniel Goleman nicht bekannt.

„Wasser erstarrt zu Eis, Eis schmilzt zu Wasser. Was geboren ist, stirbt wieder; was gestorben ist, lebt wieder. Wasser und Eis sind letztlich eins. Leben und Tod, beides ist gut so."

(Zen-Weisheit)

Georges I. Gurdjieff

Ein weiterer spiritueller Meister, der das Prinzip der Polaritäten-Integration zu nutzen wusste, war der armenische Mystiker Georges I. Gurdjieff. Er lehrte seine Schüler in der ersten Hälfte des 20. Jahrhunderts eine Technik, die nach langer Anwendung zu einer permanenten Integration der Pole „Ich versus Nicht-Ich" führt. Später erfuhr seine Methode durch den indischen Mystiker Osho in den 1970-ern einen erneuten Bekanntheits-Schub.

Gurdjieff machte seine Schüler immer wieder darauf aufmerksam, dass ihre Aufmerksamkeit permanent und vollständig von äußeren Reizen bzw. den Objekten der Sinne in Beschlag genommen würde und dass sie sich als Folge davon quasi selbst verloren hätten und nur noch wie ferngesteuert in einer Art Halbschlaf durchs Leben gehen würden. In seinem Buch „Auf der Suche nach dem Wunderbaren" beschreibt Peter D. Ouspensky eine diesbezügliche Ansprache von Gurdjieff vor seinen Schülern:

„Keiner von euch hat die wichtigste Sache, auf die ich hingewiesen habe, bemerkt … keiner von euch hat bemerkt, dass ihr euch nicht an euch selbst erinnert. … Ihr empfindet euch nicht, ihr seid euch eures Selbst nicht bewusst. … Um sich selbst wirklich betrachten zu können, ist Selbst-Erinnerung unabdingbar."

Und da hatte er sicher nicht Unrecht. Setzen sie sich doch einmal in die Fußgängerzone einer beliebigen Stadt und beobachten die an ihnen vorbei ziehenden Menschen. Achten sie dabei besonders darauf, wo die von ihnen beobachteten Personen mit ihrer Aufmerksamkeit gerade zu sein scheinen. Sie werden feststellen, dass die einen auf ihr Smartphone starren, andere in die Angebote in den Schaufenstern, wiederum andere sind mit ihrer Aufmerksamkeit in Gespräche vertieft und andere gehen vielleicht Gedankenverloren durch die Straße, um von einem Ort zum anderen zu gelangen. In der Regel dürfte aber nicht eine einzige Person dabei sein, die sich während all dieser Aktivitäten spürbewusst ihrer Selbst im Hier und Jetzt gewahr ist. Die Sinnesobjekte üben einen derartig starken

Sog auf unsere Aufmerksamkeit aus, dass wir uns dabei selbst völlig vergessen. Das können sie sehr leicht überprüfen: fragen sie sich doch einmal ganz ehrlich, ob sie sich selbst bewusst als Subjekt der Erfahrung wahrgenommen haben, während sie gerade den letzten Absatz in diesem Buch gelesen haben? Oder ging es ihnen genauso wie den Menschen, die durch die Fußgängerzone gehen und haben sich während des Lesens ebenfalls selbst vergessen?

Nun, es ist ja auch völlig in Ordnung, sich seiner selbst nicht bewusst zu sein und ich habe schon viele Leute sagen hören, dass ein ständiges Sich-Bewusst-Sein seiner Selbst nicht möglich sei, dass so etwas auch sinnlos sei oder zumindest unnötig anstrengend. Dies mag aus ihrer Sicht auch tatsächlich so aussehen. Doch schenkt man einmal denen Gehör, die sich ihres Selbst im Sinne Gurdjieffs tatsächlich bewusster geworden sind, dann behaupten diese übereinstimmend aus ihrer neu gewonnenen Erfahrung heraus, dass wir Menschen uns ohne diese Selbsterinnerung an die Sinnesobjekte verloren hätten und deshalb wie in einer Art Dämmerzustand leben würden; dass wir uns ständig des Nicht-Ich bewusst wären, nie aber unseres Ich; und dass wir niemals wirklich in uns ruhen und glücklich sein können, wenn wir uns von uns selbst entfremdet, wie mit ferngesteuerter Wahrnehmung durch die Welt bewegen würden. Darüber hinaus erschwert uns die Fixierung auf die Sinnesobjekte die Möglichkeit, uns selbst als Subjekt der Erfahrung in zunehmende Tiefe ausloten zu können und in dieser Erfahrung den Frieden und die Geborgenheit zu finden, den uns die Mystiker aller Zeiten versprochen haben, - als Schatz, der in uns allen verborgen liegt und auf seine Entdeckung wartet.

Als Gegengift gegen diese „Aufmerksamkeits-Krankheit" empfohlen spirituelle Meister wie der berühmte indische Mystiker Ramana Maharshi jedem Wahrheitssucher dringend, sich wieder an sich selbst zu erinnern, indem man intensiv über die Frage meditiert: „wer bin ich?" Jetzt werden sich manche von ihnen wahrscheinlich denken, dass diese Frage doch lächerlich einfach zu beantworten sei. Worauf Georges I. Gurdjieff und Ramana Maharshi mit dieser Frage jedoch abzielen, sind keine intellektuellen Antworten sondern direkte Erfahrungen dessen wer man wirklich ist. Und eine solche direkte Erfahrung des Selbst haben nur erstaunlich wenige Menschen.

Doch was ist diese direkte Erfahrung des Selbst?

Nun, um den Unterschied zwischen einer intellektuellen Antwort und einer direkten Erfahrung auf die Frage „wer bin ich" verständlicher zu machen, betrachten wir doch einmal zuerst, was wir auf diese Frage in der Regel antworten würden. Würde ich sie fragen: „Wer sind sie?", dann würden sie mir vielleicht ihren Namen nennen, ihre Körpergröße, ihr Geschlecht, ihren Beruf und ihre Interessen. Darüber hinaus würden sie mir eventuell noch Feedbacks nennen, die sie von ihren Eltern oder anderen Familienmitgliedern und Freunden über sich gehört haben und auf einer allgemeineren Ebene alles was sie in der Schule oder aus Büchern über „den Menschen" gelernt haben, sowie alles was sie von anderen Menschen oder von Autoritäten darüber vermittelt bekommen haben. Dies sind jedoch allesamt indirekte Erfahrungen: Beschreibungen, Worte, Definitionen und Geschichten, die sich auf ihre körperliche Erscheinung, ihre Persönlichkeit, ihre Gefühlswelt und Denkwelt beziehen. Doch wer genau ist es, der diesen Körper, diese Persönlichkeit, diese Gefühle und Gedanken hat? Nun, auch auf diese Frage werden sie nun erneut mit ihren Ideen und Gedanken antworten, wie z.B. „ich bin ein Bewusstseinszentrum, ein Wahrnehmungszentrum" oder ähnliches. Doch das sind eben wieder nur Worte und sie sind ja nicht ihre Worte, sondern sie haben Gedanken, die sie in Worten formulieren. Und wer hat diese Gedanken?

Der einzige Weg, um das beantworten zu können, besteht darin, hinter alle Gedanken, Gefühle und Sinneswahrnehmungen zurück zu treten und das zu erfahren, was dann jenseits dieser Gedanken, Gefühle und Sinneswahrnehmungen übrig bleibt. Und das wäre dann eine Direkte Erfahrung der Wahrheit auf die ewige Frage „wer bin ich?". Und genau diese Erfahrung hatten Gurdijeff und Ramana Maharshi im Sinn.

Anstatt aber täglich stundenlang über das Selbst hinter den Gedanken zu meditieren, wie es Ramana Maharshi empfahl, bevorzugte Gurdjieff eine ständige Selbst-Erinnerung. Und was er damit meint, ist eine Bemühung, sich seiner selbst so oft wie möglich in der Gegenwart spürbewusst zu sein, während man seinen alltäglichen Verrichtungen nachgeht, - ähnlich oder sogar genauso wie bei verschiedenen Achtsamkeitsmeditationen fernöstlicher Kulturkreise. Er schlägt vor, immer einen Teil der eigenen Aufmerksamkeit bei sich selbst zu behalten und somit langsam aber sicher präsenter und präsenter zu werden, bis man sich schließlich permanent seiner selbst und der Welt bewusst ist.

Egal was man also tut, ob man nun geht, sitzt, steht, isst, arbeitet oder ein Buch liest, man soll sich so oft wie möglich der Tatsache bewusst sein, dass man da ist und dies auch fühlen. Das Ziel ist dabei die Wiedererlangung des eigenen Seins-Zentrums und zudem eine Integration der beiden Pole „Ich" versus „Nicht-Ich" (nämlich der Welt der Wahrnehmungsobjekte), so dass man letztlich sogar eine Ausdehnung des eigenen Seins-Zentrums auf Alles erfährt, wodurch die permanente Erfahrung einer tiefen Verbundenheit mit der gesamten Schöpfung resultiert und ein Gefühl der Vollständigkeit und des Friedens in der Einheit mit Allem.

Das klingt ungeheuerlich und ist es auch. Allerdings ist es eine Sache, über die Selbsterinnerungstechnik zu lesen, und eine andere, sie auch mit der notwendigen Konsequenz umzusetzen. Auf Deutsch: das Ganze ist unglaublich schwierig und so verwundert es auch nicht, dass es weitaus mehr Menschen gibt, die sich theoretisch und philosophisch mit diesem Thema beschäftigen, als es Menschen gibt, die dieses Ziel aktiv übend anstreben oder gar bereits erreicht haben.

Für all jene aber, die nicht nur über die Möglichkeit von Einheitserfahrungen und die Erlebnisberichte anderer diskutieren wollen, sondern die selbst Einheitserfahrungen machen wollen, öffnen die Techniken der Polaritäten-Integration völlig neue Möglichkeiten. Mit ihrer Hilfe können sie nämlich in oft weniger als einer Stunde genau das erleben, wofür viele spirituelle Sucher in der Vergangenheit zum Teil jahrelange Übung brauchten. Allerding möchte ich an diesem Punkt klar und deutlich darauf hinweisen, dass die Tiefe und Intensität der non-dualen Erfahrung, sowie deren Persönlichkeits-transformierende Wirkung nach einer Sitzung mit einer Polaritäten-Integrations-Technik viel schwächer ausgeprägt ist als dies bei einer vergleichbaren Erfahrung eines Meditationsmeisters der Fall ist. Nichts desto trotz können selbst die meisten Neulinge auf dem spirituellen Weg mit Hilfe der Polaritäten-Integration echte und äußerst wertvolle non-duale Erfahrungen machen, die durch weitere Übung natürlich genauso vertieft werden können, wie dies mit anderen meditativen Praktiken möglich ist.

Auf die Pole „Ich versus Nicht-Ich" bezogen würden die meisten von ihnen somit selbst bei nur einmaliger Anwendung einer Polaritäten-Integrations-Technik zumindest einen Geschmack davon bekommen, wie es sich anfühlt, völlig präsent im Hier und Jetzt zu sein. Manche von ihnen würden sogar eine Ahnung davon erlangen, wie es ist, eins mit allem zu sein. Und das ist für viele noch völlig unvorstellbar.

> "Wenn es keinen Unterschied zwischen dem Subjekt und dem Objekt mehr gibt, kann die unterscheidende Position des Subjekts, zu nennen und benannt zu werden, nicht mehr entstehen. Da das Sein durch die Sprache entsteht, kann die Welt des Seins ohne Nennung nicht existieren. Das Sein und das vom Sein vorausgesetzte Nicht-Sein verschwinden völlig. Dieser Zustand des „Weder Sein noch Nicht-Sein" ist gleich dem Zustand des Seins und gleich dem des Nicht-Seins. Denn die Aufgabe der „Ent-Definierung" des Seins (und Nicht-Seins) trägt dazu bei, den dualistischen Gedanken zu vernichten und schafft diese zwei Variablen. Dieser Status wird beim Zen als „Mu" („Nichts") bezeichnet."
>
> (aus: die Pädagogik des Zen Meisters)

Austin Osman Spare

Ein weiterer Mystiker, der die Idee der Polaritäten-Integration verinnerlicht hatte, war der britische Okkultist Austin Osman Spare, der als Begründer der Sigillenmagie gilt und das magische System des „Zos Kia Cultus" erfand.

Für die Integration von Polaritäten empfahl er eine Vorgehensweise, die auf das hinduistische Advaita Vedanta System zurückgeht und auf Sanskrit als „neti neti" (zu Deutsch: weder dies noch das) bezeichnet wird.

Deutlich vom Taoismus beeinflusst, glaubte Spare, dass das Ziel der Erkenntnis darin bestünde, die ultimative Realität zu erfahren, die von ihrem Wesen her Leere ist, und danach den Geist in einem Zustand des Nicht-Denkens zu bewahren, erfüllt vom Glück des andauernden Samadhi. Spare hatte jedoch erkannt, dass diese spirituelle Leere niemals vom menschlichen Geist begriffen werden kann, da sie immer „stromaufwärts" genau jener Gedanken verbleibt, die wir aussenden, um sie zu entdecken.

Dennoch hielt er es für möglich, die Leere zu erfahren, da er davon ausging, dass es zwischen den Polaritäten unserer erlebten Realität einen Punkt im Spektrum geben muss, der weder das eine noch das andere ist. Da jede Idee oder jeder Zustand notwendigerweise das eigene Gegenteil impliziert, hielt Spare es für eine geeignete Lösung, weder das eine noch das andere zu akzeptieren und dadurch beide zu transzendieren.

So empfahl er, sich abwechselnd gegensätzliche Konzepte wie „Liebe versus Hass", „schwarz versus weiß", „wach sein versus schlafen" vorzustellen, sowie den hypothetischen „Weder-noch"-Punkt und dann dem einen „weder" ein weiteres „weder" entgegenzusetzen. Durch dieses Manöver meinte er, würde die Leere jenseits der Polaritäten direkt erlebt, da sie der „Weder-weder"-Punkt sei.

Diese Methode wurde von indischen Yogis bereits seit dem 10. Jahrhundert angewendet, wenn es darum ging, eine direkte Erfahrung auf die Frage „wer bin ich" zu erlangen (siehe oben im Absatz über Georges I.

Gurdjieff). Zu diesem Zweck negiert der Yogi alle üblichen Selbstzuschreibungen, bis nichts mehr übrig bleibt als die Leere: „Ich bin weder der Körper, noch die Gedanken, noch die Gefühle, noch die Handlungen, noch... usw."

Austin Osman Spare erweiterte das Anwendungsspektrum der „neti neti"-Meditation jedoch auf alle Polaritäten, was ihn zu einem westlichen Vorreiter der in diesem Buch beschriebenen Polaritäten-Integrations-Methoden macht.

Doch auch wenn dieses Vorgehen bereits das typischen Hin- und Herwechseln zwischen den Gegensätzen aufweist, ist die „neti neti"-Methode den in diesem Buch angeführten Polaritäten-Integrations-Methoden klar unterlegen. Während die Negierung von Inhalten nämlich philosophisch gesehen durchaus richtig sein mag, ist ihre Umsetzung auf der Ebene des Erlebens extrem schwierig, wenn nicht gar unmöglich.

Bestimmt haben viele von Ihnen schon einmal die paradoxe Aufforderung „denken Sie nicht an einen rosa Elefanten" gehört. Das Paradox besteht darin, dass man, um dieser Aufforderung zu folgen, zuerst an einen rosa Elefanten denken muss, um sich dann daran zu erinnern, dass man nicht an diesen denken soll. Das heißt, dass man durch diese Aufforderung überhaupt erst an einen rosa Elefanten zu denken beginnt. Gleichzeitig wird durch die paradoxe Aufforderung aber auch Widerstand gegen das im Bewusstsein auftauchende innere Bild des rosa Elefanten hervorgerufen, denn „man soll ja nicht an dieses Bild denken". Widerstand führt aber leider nur dazu, dass die Aufmerksamkeit weiterhin auf das Thema gerichtet bleibt, gegen das man Widerstand hat, so dass ein unlösbares Dilemma entsteht: ich muss mich an etwas erinnern, damit ich weiß, woran ich mich nicht erinnern soll.

Wenn man über eine extrem gut geschulte Konzentrationsfähigkeit verfügt, mag dieses Vorgehen vielleicht zur Erfahrung der angestrebten Leere führen, da das logische Denken beim Versuch, die „neti neti"-Methode anzuwenden, sehr schnell an seine Grenzen kommt und aufgrund einer

Überlastungsreaktion möglicherweise aufgibt und einen Blick auf das freigibt, was sich hinter ihm befindet. Die meisten von uns dürften jedoch mit dieser Methode kläglich scheitern.

Osho

Ein sehr bekannter spiritueller Lehrmeister, der sein Leben lang auf die Vorzüge und die Notwendigkeit der Überwindung der Dualität bzw. der Gegensätze der Welt hinwies, war der als Bhagwan Shree Rajneesh legendär gewordene indische Mystiker Osho. In praktisch all seinen Büchern finden sich Aussagen, Geschichten und Gleichnisse, die sich auf dieses Thema beziehen.

Soweit ich weiß, hat Osho unzählige Möglichkeiten beschrieben, mit denen man den Geist beruhigen und spirituelle Erfahrungen wahrscheinlicher machen kann und er hat auch eine Menge neuer Meditationstechniken erfunden. Beim Versuch einer Durchsicht seines Werks habe ich jedoch keine Methode entdeckt, mit der man Polaritäten direkt integrieren kann.

Dafür war Osho einer der ersten spirituellen Lehrmeister, der östliche Meditationspraxis mit westlichen Psychotherapietechniken verband, um seinen Schülern zu einer schnelleren Entwicklung zu verhelfen und sie auf höhere Bewusstseinsebenen zu bringen. In diesem Zusammenhang hielt er für westliche Schüler besonders Techniken, die starke kathartische Reaktionen hervorrufen konnten, für geeigneter. Offensichtlich stimmte Osho der Katharsishypothese der Psychologie zu, die besagt, dass das Ausleben innerer Konflikte und verdrängter Emotionen zu einer Reduktion dieser Konflikte und Gefühle führt. Osho ging es bei der Katharsis (griechisch: „Reinigung") jedoch nicht nur um die Bewusstmachung und Beseitigung negativer Gefühle, wie z.B. Aggression, Trauer, Schmerz, Wut oder Ekel, sondern auch um die Ermöglichung und Freisetzung von positiven Gefühlen wie Liebe, Freude, Lust und Dankbarkeit und vor allem um die Transzendenz aller Gefühle in spirituellen Erfahrungen.

Auch bei den Polaritäten-Integrations-Methoden besteht ein klarer Zusammenhang zwischen der Beseitigung von emotionalen bzw. mentalen Ladungen und der Erfahrung spiritueller Zustände. Im Gegensatz zu Oshos kathartischen Bewusstseinstechniken lösen sie jedoch nur sehr schwache oder gar keine kathartischen Reaktionen beim Anwender aus, so dass sie wesentlich sicherer sind. Die Erfahrung zeigte nämlich, dass die emotionalen „Achterbahnfahrten", die durch kathartische Techniken erzeugt werden, manche Menschen kurzfristig oder gar anhaltend aus dem Gleichgewicht werfen können. Diese Gefahr besteht bei den Polaritäten-Integrations-Methoden nicht.

Aber gerade weil sie keine emotionalen „Explosionen" ermöglichen, führen sie zuverlässiger als kathartische Techniken in Richtung nichtdualer Spiritualität. Nicht selten verwechseln spirituelle Sucher nämlich den Konsum intensiver Gefühle mit Spiritualität, wobei sie ihr Ego nicht transzendieren, sondern in Wirklichkeit nur dessen hedonistische und narzisstische Bedürfnisse stillen. Da das Ego Dramen liebt, laufen sie Gefahr, sich wie Drogenkonsumenten auf die ständige Suche nach dem maximalen Kick zu begeben, während sie dabei dessen Gegenpole „Langeweile, Leere und Durchschnittlichkeit", etc. abwehren.

Doch wie Osho selbst so schön sagte: „Gehe ans Meer und meditiere über die Wellen. Eine Welle steigt empor, doch direkt hinter ihr befindet sich eine Lücke, ein Tal… Je höher die Welle ist, desto tiefer ist auch das Tal, das ihr folgt. Genauso ist es auch bei Glück und Unglück. Wann immer du einen Höhepunkt des Glücks erlebst, folgt ihm unmittelbar das Unglück. Du musst akzeptieren, dass das Leben so ist…. Wenn du beide akzeptierst, transzendierst du sie. Dann kann dich Unglück nicht mehr unglücklich machen und Glück nicht mehr glücklich. Du bleibst immer der gleiche. Unglück kommt und geht, Glück kommt und geht und du bleibst davon unberührt. Bis du dies erreicht hast, ist dein Glück nur eine

Täuschung… Nur dasjenige Glück ist wahres Glück, das sich nicht im Gegensatz zum Unglück befindet, sondern das sowohl Glück als auch Unglück transzendiert."

An dieser Stelle möchte ich noch ein paar von Oshos Aussagen zum Thema Polaritäten-Integration zitieren, da er über eine unnachahmliche Art verfügte, die Dinge so mit Worten zu beschreiben, dass sie jeder verstehen kann und dass sie das Herz eines Menschen tief berühren können.

„Ihr seid niemals wirklich entspannt, da ihr zwischen allen möglichen Gegensätzen zerrissen seid. Der Gegensatz von Glück und Unglück ist dabei der grundlegendste und am stärksten symptomatische, doch daneben gibt es noch 1000 andere Gegensätze: der Gegensatz von Liebe und Hass, von Leben und Tod, von Tag und Nacht, Sommer und Winter, Jugend und Alter und so weiter und so fort. Doch der grundlegendste Gegensatz, der Gegensatz, der alle anderen repräsentiert, ist der von Glück und Unglück. Und ihr seid zerrissen, ihr fühlt euch in unterschiedliche, polar entgegengesetzte Richtungen gezogen. Ihr könnt euch gar nicht wohl fühlen. Ihr leidet unter ständigem Unwohlsein."

„Ebbe und Flut, Tag und Nacht, Sommer und Winter, Leben und Tod. Sie alle sind die zwei Gegenpole des jeweils gleichen Phänomens, der gleichen Energie. Sie sind nicht voneinander getrennt und nicht widersprüchlich. Sie sind keine Gegensätze, sie ergänzen sich."

„Genau in der Mitte, dort, wo die beiden Polaritäten sich auflösen und die Gegensätze sich begegnen, hört der Verstand auf zu funktionieren. Der Verstand kann sich nicht vorstellen, wie Gegensätze sich begegnen können, wie Polaritäten eins sein können. Doch tatsächlich begegnen sie sich, tatsächlich sind sie eins."

„Der menschliche Verstand ist für jedes Extrem zu haben, denn die Extreme sind sein Lebenselixier. Doch wenn sich zwei Extreme treffen, löschen sie sich gegenseitig aus und hinterlassen ein Vakuum. Das ist die Bedeutung des mittleren Weges: lass die Extreme an einen Punkt kommen, an dem sie sich gegenseitig auslöschen, und plötzlich bist du weder

Atheist noch Theist. Die ganze Frage wird irrelevant. Doch der Verstand ist nicht bereit loszulassen."

Zivorad Mihajlovic Slavinski

Obwohl es sicher noch viele spirituelle Adepten und Denker gibt, die Wertvolles zum Thema der Polaritäten-Integration beigetragen haben, möchte ich am Ende dieses Kapitels nur noch Zivorad M. Slavinski erwähnen, ohne den ein Buch über Polaritäten-Integration nicht vollständig wäre und dem ich den größten Teil meines Wissens und Verständnisses zu diesem Thema zu verdanken habe.

Slavinski, der sich über 50 Jahre lang der Frage widmete, wie man mit Hilfe therapeutischer und spiritueller Techniken die emotionalen und mentalen Probleme eines Menschen lösen und seine spirituelle Entwicklung beschleunigen kann, entwickelte nämlich einige der einfachsten und wirksamsten Polaritäten-Integrations-Methoden, die es derzeit gibt. Sein Lebenswerk beinhaltet inzwischen fast 30 Bücher und etwa 16 einzigartige und äußerst wirksame therapeutische und spirituelle Systeme, die unter dem Sammelbegriff „Spiritual Technology" zusammengefasst sind. Viele dieser Techniken berücksichtigen das Prinzip der Polaritäten-Integration, darunter auch sein wohl bekanntestes System mit der Bezeichnung PEAT, auf das ich im Kapitel der Techniken noch genauer eingehen werde.

Der tiefe PEAT-Prozess ist für mich die Königs-Disziplin unter den Polaritäten-Integrations-Methoden und hat weltweit bereits die Leben vieler tausend Menschen bis in die Tiefen ihres Bewusstseins transformiert. Ich selbst praktiziere PEAT seit Jahren und bin noch immer begeistert über dessen unglaubliche Wirksamkeit. Für mich bildete es einen Quantensprung gegenüber allen Selbstheilungsmethoden, mit denen ich zuvor in Kontakt gekommen war und es eröffnete mir eine völlig neue Dimension in meiner zuvor etwa 20-jährigen spirituellen Praxis. Und das geht nicht nur mir so. Im Anhang dieses Buches habe ich eine kleine Umfrage unter PEAT-Anwendern angefügt, die dies auf beeindruckende Weise bestätigt.

Ein begeisterter PEAT Neuling beschrieb seine Erfahrung z.b. mit folgendem Gedicht:

„DER ZUSTAND DER DANKBARKEIT GEGENÜBER GOTT

Im PEAT-Prozess findest du die wahre Kunst des Glücklichseins

Die Kunst zu leben, Reichtum der Seele und grenzenlosen spirituellen Fortschritt

Alles in diesem Platin-Zustand der vollständigen Akzeptanz

Wo keine weiteren Fragen mehr gestellt werden, wo es weder Widerstand noch Abwehr gibt

Keine Urteile, keine Überlegenheit, keine Unterlegenheit und keinen Angriff

Wo Schwierigkeiten, Herzschmerz und schwere Stürze nichts als Segnungen darstellen

Ob Geld fließt, wächst oder nicht vorhanden ist, wahrlich keinen Stress erzeugt

Wir wie Wasser werden, das in alle Dimensionen und Herausforderungen fließt

Dein Wert von niemandem je erkannt wurde, den du beeindrucken kannst

Dein Reichtum liegt in deiner Seele und dem Herzen in deiner Brust

Nur aus dem Inneren heraus bist du ein König, Königin, Prinz oder Prinzessin

Und das Diesseits ist nichts als eine Matrix, in der alles als Test existiert

Eine ewige Reise der Seele, die nach deinem letzten Atemzug fortbesteht

Doch jetzt und im Jetzt: Je neutraler wir sind, desto mehr und besser schmecken, wachsen, genießen, lernen und verehren wir

Mit anderen Worten, umso mehr sind wir gesegnet..."

Für Interessenten der Polaritäten-Integration, für spirituelle Sucher und für Menschen, die nach wirksamen Selbsthilfemethoden zur Beseitigung ihrer inneren Nöte Ausschau halten, sind Slavinskis Bücher eine wahre Fundgrube.

Fort mit eurem Dualismus, mit euren Vorlieben und Abneigungen.
Jedes einzelne Ding ist eben der EINE Geist.
Hast du dies erkannt, hast du das Gefährt der Buddhas bestiegen.

(Huang Po)

4. Polaritäten-Integrations-Methoden

Kommen wir nun zum praktischen Teil dieses Buches, in dem Sie einige Methoden vorfinden werden, die eine Integration von Polaritäten ermöglichen und beschleunigen. Sie alle haben ihren Ursprung in alternativen Ansätzen der Heilung und Spiritualität und stammen zum Teil von verschiedenen Autoren.

Ich gehe davon aus, dass es insbesondere in mystischen oder okkulten Kreisen noch andere, mir nicht bekannte Methoden dieser Art gibt, so dass die folgende Auswahl bestenfalls einen Einblick in die Welt der Polaritäten-Integrations-Techniken vermitteln kann. Trotz dieser Einschränkung finden Sie in den nächsten Kapiteln einfach umsetzbare und dennoch äußerst wirkungsvolle Varianten für therapeutische und spirituelle Anwendungen.

Die ersten drei der nun folgenden Polaritäten-Integrations-Strategien sind so beschrieben, dass sie sofort ausprobiert werden können. Die letzten drei stelle ich in Absprache mit ihrem Entwickler nur im Überblick dar. Wer sich nach der Lektüre noch weiter damit beschäftigen möchte, wird im jeweiligen Kapitel auf weiterführende Literatur und auf Möglichkeiten hingewiesen, diese Methoden zu erlernen.

Bevor wir nun aber zu den Methoden weitergehen, möchte ich Ihnen noch ein paar kurze Hinweise geben:

1. PROBIEREN SIE ES AUS! Lesen allein nützt Ihnen nichts. Wie heißt es doch so schön: „Man muss den Pudding essen, um ihn wirklich zu kennen. Es reicht nicht, nur das Rezept zu besitzen."

2. Wenn Sie sich dazu entschieden haben, eine der Methoden auszuprobieren, halten Sie sich an die Anweisungen und entscheiden Sie sich dafür, die Methode auch bis zum gewünschten Ergebnis durchzuziehen. Brechen Sie nicht schon nach 10 oder 20 Minuten ab, nur weil

noch nichts passiert ist! Bei der ersten Anwendung dauert es erfahrungsgemäß immer am längsten.

3. Idealerweise arbeiten Sie zumindest am Anfang mit einem Partner, der Ihnen die Instruktionen erteilt. Das ist in der Regel einfacher, wirkungsvoller und macht auch mehr Spaß.

4. Wie ich an früherer Stelle in diesem Buch bereits angedeutet habe, kann es am Ende des Basis PPI aber auch der anderen Methoden sein, dass sie in einen Bewusstseinszustand geraten, der sie leicht überrascht. Je nach Temperament und Vorerfahrung mit Meditation und Achtsamkeitsmethoden kann dieser Zustand sowohl von der Qualität als auch von der Intensität her unterschiedlich wahrgenommen werden. Das Spektrum der Möglichkeiten ist dabei sehr groß: einige wenige bemerken gar nichts, während andere von einem angenehmen Gefühl der Leere, der Weite, der Ruhe, des Friedens, der Gleichgültigkeit, des Schwebens oder ähnlichem berichten. Andere wiederum fühlen sich verwirrt oder leicht schwindelig. Wenn bei Ihnen letzteres der Fall sein sollte, machen Sie sich keine Sorgen. Was Sie erleben ist absolut harmlos und gesund. Entspannen Sie sich, genießen Sie es und wenn es Ihnen nicht gefällt, öffnen Sie einfach die Augen und bewegen sich wieder. Dann ist der Zustand gleich wieder verschwunden.

Denjenigen dagegen, die einen angenehmen Zustand erleben und diesen noch intensiver auskosten möchten, empfehle ich am Ende des Prozesses, sich mit Licht aufzufüllen, wie es in den entsprechenden Unterkapiteln beschrieben ist. Darüber hinaus möchte ich darauf hinweisen, dass das erlebte Gefühl am Ende der Polaritäten-Integration bei häufiger Wiederholung der Techniken für viele Anwender immer schneller eintritt und immer länger andauert.

5. Durch die regelmäßige Anwendung der Polaritäten-Integration können Sie nicht nur ihre Probleme lösen, sondern auch Ihre Persönlichkeit auf eine Art und Weise verändern, die Sie sich kaum vorstellen können. Wenn Sie zu den Menschen gehören, die sich täglich dazu moti-

vieren können spirituelle Übungen zu praktizieren, dann könnten unter den Methoden der Polaritäten-Integration einige dabei sein, die Sie unbedingt in Ihre spirituelle Praxis integrieren sollten.

6. Polaritäten-Integrations-Methoden sind kein Ersatz für Psychotherapie, sondern vielmehr eine wertvolle Ergänzung einer solchen. Tauchen im Rahmen der Selbstanwendung unerwartete psycho-emotionale Probleme auf oder verschwinden die bearbeiteten Probleme nicht, sollte ein Fachmann zu Rate gezogen werden.

7. Die Anwendung von Polaritäten-Integrations-Methoden ist kein Ersatz für notwendiges Handeln. Wenn Sie sich z.B. in einer für Sie schädlichen Beziehung oder an einem für Ihre Gesundheit abträglichen Arbeitsplatz befinden, können Sie die dadurch entstehenden emotionalen Belastungen noch so oft prozessieren, doch werden Sie immer nur kurzfristig Linderung erfahren. In solchen Fällen kommen Sie nicht um eine Entscheidung für eine Trennung oder einen Arbeitsplatzwechsel herum, da Ihr Problem erst dann verschwinden kann.

Als großer Fan der Polaritäten-Integration wünsche ich ihnen nun aber viel Spaß beim Experimentieren und Ausprobieren.

Der Basis Prozess der Polaritäten Integration (Basis PPI)

Auf wen der folgende Prozess der Polaritäten Integration wirklich zurückgeht, ist mir nicht bekannt, doch wurde er bereits von verschiedenen Autoren mit unterschiedlichen Bezeichnungen beschrieben. Da in ihm jedoch das Grundprinzip aller Polaritäten-Integrationstechniken in Reinform zur Anwendung kommt, kann man ihn mit Recht als den „Basis Prozess der Polaritäten Integration" schlechthin betrachten. Dieses Grundprinzip besteht im Hin- und Herwechseln zwischen zwei Polen, etwa wie beim Wechselstrom, der seine Richtung in regelmäßiger Wiederholung ändert, so dass der Strom im zeitlichen Mittel null ist.

Während wir normalerweise dazu neigen, unsere Probleme einseitig anzugehen, indem wir um einen erwünschten positiven Zustand kämpfen und dessen Gegenpol meiden bzw. los werden wollen, richten wir beim Basis PPI unser ganzes Gewahrsein ohne Widerstand auf beide Seiten der Medaille. Durch dieses freiwillige Erleben der erwünschten und der gefürchteten Seite eines Themas in einer Haltung der Bereitschaft und Neugierde verändert und erweitert sich automatisch unsere Sichtweise. Darüber hinaus wird die Energie frei, die durch unseren Versuch gebunden war, beide Pole in unserem Erleben voneinander zu trennen. Da diese an sich unmögliche Trennung jedoch nur die Folge dessen ist, dass wir den positiven Pol begehren und dabei gleichzeitig Widerstand gegen den negativen Pol haben, kommt während der Durchführung des Basis PPI früher oder später der Moment, an dem man keinerlei Unterschied mehr zwischen beiden Polen wahrnehmen kann und deren grundsätzliche Einheit erfährt. In diesem Moment der Nicht-Dualität ist das gewählte Problem verschwunden und da man in diesem Zustand keinerlei emotionale Spannungen mehr erlebt, ist der Blick auf das „Problem" anschließend freier und man kann leichter damit umgehen.

Wie ich bereits an anderer Stelle erwähnt habe, gibt es im Leben viele Beispiele, in denen Einseitigkeit nicht zum gewünschten Ziel führt und in denen ein abwechselndes Hin und Her zwischen 2 Polen das Vorankommen erleichtert oder überhaupt erst möglich macht.

Denken wir nur einmal an das Rudern eines Bootes, den Prozess des Gehens oder das Herausziehen eines Zaunpfahls aus dem Erdreich. Wenn ich in einem Ruderboot sitze und nur auf einer Seite des Bootes rudere, drehe ich mich höchstwahrscheinlich im Kreis. Rudere ich dagegen abwechselnd oder auch gleichzeitig auf beiden Seiten mit der gleichen Kraft, treibt es mich geradeaus nach vorne. Versuche ich beim Gehen immer nur ein Bein vorne zu behalten, kann ich bestenfalls hüpfen. Wechsle ich aber ständig die Position der Beine, dann kommt es durch deren ausgewogenes Zusammenspiel zu einer gleichmäßigen Vorwärtsbewegung und ich kann mein Gleichgewicht dabei ohne Probleme halten. Oder probieren Sie einmal, einen ins Erdreich getriebenen Zaunpfahl aus dem Boden zu ziehen, indem Sie ihn einfach nur nach oben ziehen. Dann werden Sie vermutlich wesentlich mehr Zeit dafür benötigen oder deutlich mehr Kraft dafür aufwenden müssen, als wenn Sie den Pfahl bei ihrem Herauszieh-Versuch immer wieder hin und her bewegen.

Ähnlich wie in diesen Fällen beschleunigt das abwechselnde Hin und Her zwischen zwei als gegensätzlich erlebten Emotionen, Gedanken oder Glaubenssätzen deren Auflösung. Zwar würde es bereits völlig ausreichen, jeglichen Widerstand gegen unerwünschte Inhalte aufzugeben, um sie in relativ kurzer Zeit zum Verschwinden zu bringen, doch geht dies mit Hilfe der Polaritäten-Integration deutlich schneller.

Zudem ist der Basis PPI sehr einfach, kann von fast jedem ausgeführt werden und liefert dem Anwender Informationen bezüglich seiner Glaubenssätze, Referenzerfahrungen, Bewertungen und Gefühle im Hinblick auf die beiden Pole der gewählten Polarität.

Für den Basis PPI gibt es grundsätzlich zwei Anwendungsbereiche:

Beim ersten geht es um die Beseitigung unerwünschter emotionaler Zustände wie Angst, Wut, Traurigkeit, Sorge, Niedergeschlagenheit, Gefühle der Schuld und Scham sowie der Mutlosigkeit, Hilflosigkeit, etc. Der zweite ist dagegen eher für diejenigen interessant, die ihre spirituelle Suche vorantreiben wollen und hierfür auch die Integration von Polaritäten ausprobieren möchten. Generell kann der Basis PPI wie alle anderen Polaritäten-Integrations-Techniken sowohl bei anderen als auch bei sich selbst angewendet werden, wobei die Arbeit zu zweit mehr Spaß macht und meist zu besseren Resultaten führt. Wenn man von einer anderen Person durch den Prozess geführt wird, schweift man nicht so leicht mit den Gedanken ab und kann sich in der Regel wesentlich besser konzentrieren.

Die Durchführung des Basis Prozesses der Polaritäten-Integration:

Für den Basis PPI zur Beseitigung subjektiver Probleme wählen sie zuerst ein Thema aus, das sie belastet und von dem sie sich befreien wollen.

Nehmen wir an, Sie sind alleinstehend und sehnen sich seit einiger Zeit nach einer neuen Partnerschaft. Dann nehmen Sie die Sehnsucht nach einer Partnerschaft als den ersten Pol. Daraufhin definieren Sie den Gegenpol, der in diesem Fall sein könnte, allein bleiben zu wollen. Die gewählte Polarität wäre somit: „eine Partnerschaft wollen versus allein leben wollen". Eine Alternative könnte sein: „in einer Partnerschaft leben versus allein leben".

Dann begeben Sie sich mit geschlossenen Augen in eine für Sie bequeme Sitzposition (liegen ist nicht zu empfehlen, da man dabei zu leicht in Gedanken abschweift oder sogar einschläft) und lassen sich von einem Gegenüber anleiten bzw. leiten sich selbst dazu an, sich mit Ihrem gesamten Erleben in den ersten Pol zu begeben und zu beobachten und zu berichten, was dabei in Ihnen vorgeht und welche Gedanken und inneren Szenen dabei in Ihnen auftauchen. Dann wechseln Sie zum anderen Pol und begeben sich nun mit Ihrem gesamten Erleben in diesen hinein, beobachten sich erneut und berichten wieder alles was in Ihnen dabei auftaucht.

Dieses Hin und Her zwischen den Polen kann sich nun eine ganze Weile lang wiederholen, wobei die meisten Personen zwischen 15 Minuten und 1 Stunde dafür benötigen.

Wichtig für den Erfolg des Prozesses sind dabei mehrere Faktoren. Erstens sollte der Anwender so wenig Widerstand gegen die auftauchenden Inhalte haben wie nur irgend möglich. Am leichtesten gelingt dies in einer Haltung der Neugierde, bei der man wie ein Forscher danach Ausschau hält, was man wohl in sich zum jeweiligen Thema entdecken wird. Und tatsächlich kann man bei der Durchführung des Basis PPI oft erstaunliche Dinge über sich erfahren, wie z.B. dass man Katastrophenerwartungen hegt, dass man durch unangenehme Erinnerungen beeinflusst wird, die man für längst erledigt gehalten hat, dass man unrealistische Fantasien hegt und fatale Überzeugungen. Der zweite wichtige Punkt ist, dass der Anwender während des Erlebens ins Fühlen kommt. Für Menschen, die sich nur im Bereich der Gedanken und Bilder bewegen, ist dieser Prozess nicht besonders ergiebig und wirksam. Stattdessen lässt sich der Prozess sogar beschleunigen, wenn man seine Gefühle dabei übertreibt, so als wären sie stärker als in der Wirklichkeit. Ein weiterer hilfreicher Punkt ist, dass der Anwender seine inneren Erfahrungen in vollständigen Sätzen berichten sollte und nicht in Stichworten. Dies vertieft den Prozess und beschleunigt ihn dadurch.

In unserem Beispiel würde man also solange zwischen den beiden Polen hin und her wechseln, bis man emotional keinerlei Unterschied mehr zwischen ihnen fühlen kann. An diesem Punkt sind die Pole im Erleben miteinander verschmolzen und man spürt weder Sehnsucht nach einer Partnerschaft noch ein Unbehagen wenn es darum geht allein zu leben. Man ist mit beiden Optionen ausgesöhnt und die bisherige Anspannung ist verschwunden. In gewisser Weise ist das Problem transzendiert, was bedeutet, dass sie nun darüber stehen, die Einseitigkeit verlassen haben und die Kontrolle über das Thema zurückgewonnen haben.

Nun aber kommen wir zur Anleitung des Basis Prozesses der Polaritäten Integration:

ઝઝઝઝઝઝઝઝઝઝઝઝઝઝઝઝઝઝઝઝઝઝઝઝઝ

Der Basis PPI zur Beseitigung subjektiver Probleme:

Der Prozess Teil 1:

1. Der Klient soll benennen, welches subjektive Problem er bearbeiten bzw. auflösen möchte (z.b. Angst vor öffentlichen Auftritten)

2. Dann fragt man ihn, was seiner Meinung nach das Gegenteil seiner problematischen Erfahrung ist (z.B. Souveränität bei öffentlichen Auftritten)

3. Dann instruiert man ihn:

   a) „Fühle dein Problem (z.b. Angst vor öffentlichen Auftritten) so intensiv du kannst und erzähle mir, was dabei in dir als Erfahrung auftaucht."

   b) „Fühle das Gegenteil deines Problems (z.B. Souveränität bei öffentlichen Auftritten) so intensiv du kannst und erzähle mir, was dabei in dir als Erfahrung auftaucht."

4. Dann lässt man den Klienten immer wieder zwischen den beiden Polen a) und b) hin und her wechseln, bis die emotionale Ladung in Bezug auf die beiden Pole verschwunden ist und er keinen Unterschied zwischen beiden mehr fühlen und erkennen kann.

5. Am Ende fragt man:

   a) „Sage mir, kannst du jetzt noch irgendeinen Unterschied fühlen zwischen … (das Problem des Klienten nennen) und … (das Gegenteil des Problems benennen)?"

Wenn „ja" ist der Prozess noch nicht ganz zu Ende und man muss noch weiter hin und her wechseln bis der Klient wirklich gar keinen Unterschied mehr fühlen kann.

Wenn „nein" fragt man weiter:

b) „Sage mir, was ist jetzt aus deinem Problem geworden? Erlebst du es jetzt noch als Problem oder ist es kein Problem mehr?"

※※※※※※※※※※※※※※※※※※※※※※※※※※※※

Wenn man den Prozess richtig durchgeführt hat, wird der Klient an diesem Punkt sagen, dass er diese Situation nicht mehr als Problem erlebt, dass ihm der vorherige unerwünschte Zustand als sehr weit entfernt scheint, oder als unbedeutend. Dies muss so sein, denn wenn man keinen Unterschied mehr zwischen einem Problemzustand und dem ihm entgegengesetzten Wunschzustand fühlen kann, sind beide identisch und es ist kein Problem mehr übrig.

Und genau hierin bestehen die Magie und die Macht der Polaritäten-Integration.

Dennoch ist es sinnvoll, zu überprüfen, ob sich der Klient auch wirklich vollständig von seinem Problem entleert hat. Hierfür fragt man ihn, ob er jetzt in diesem Moment glaubt, dass sein Problem in Zukunft gegen seinen Willen wieder auftauchen kann. Wenn er dies verneint, kann man den Prozess entweder beenden oder mit der unten beschriebenen Übung „den Klienten mit Licht füllen" vertiefen. Wenn er glaubt, dass das Problem gegen seinen Willen wieder auftauchen kann, fährt man auf folgende Weise mit dem Prozess fort:

Der Basis PPI zur Beseitigung subjektiver Probleme:
Der Prozess Teil 2:

6. Instruiere:

   a) „Gut, du denkst, dass dein Problem gegen deinen Willen wieder auftauchen kann. Dann fühle so intensiv wie möglich, dass dein Problem (z.B. Angst vor öffentlichen Auftritten) gegen deinen Willen wieder auftaucht und erzähle mir, was dabei in dir als Erfahrung auftaucht."

   b) „Und nun fühle das Gegenteil dieses Problems (z.B. Souveränität bei öffentlichen Auftritten) so intensiv du kannst und erzähle mir, was dabei in dir als Erfahrung auftaucht."

7. Dann lässt man den Klienten immer wieder zwischen den beiden Polen a) und b) hin und her wechseln, bis die emotionale Ladung in Bezug auf die beiden Pole verschwunden ist und er keinen Unterschied zwischen beiden mehr fühlen und erkennen kann.

8. Am Ende fragt man:

   a) „Sage mir, kannst du jetzt noch irgendeinen Unterschied fühlen zwischen … (das Problem des Klienten nennen) und … (das Gegenteil des Problems benennen)?"

Wenn „ja" ist der Prozess noch nicht ganz zu Ende und man muss noch weiter hin und her wechseln bis der Klient wirklich gar keinen Unterschied mehr fühlen kann.

Wenn „nein" fragt man weiter:

   b) „Sage mir, was ist jetzt aus deinem Problem geworden? Erlebst du es jetzt noch als Problem oder ist es kein Problem mehr?"

In den allermeisten Fällen antwortet der Klient an dieser Stelle, dass er das Problem jetzt nicht mehr als Problem wahrnehmen kann und der Prozess ist an dieser Stelle zu Ende. (Wird die Situation immer noch als Problem wahrgenommen, kann man den Prozess natürlich nochmal wiederholen, doch würde ich dann vermutlich lieber zu einer anderen Methode wechseln.)

Wenn der Prozess erfolgreich verlaufen ist, kann man den Klienten nun noch eine Weile mit geschlossenen Augen sitzen lassen. Viele schätzen es darüber hinaus jedoch sehr, wenn man ihnen dabei hilft, den angenehmen Zustand noch kurz zu vertiefen. Eine Möglichkeit hierfür, die ich gerne anwende auch wenn sie für den Erfolg des Prozesses nicht notwendig ist, besteht darin, den Klienten mit Licht zu füllen.

Den Klienten mit Licht füllen:

Hierfür bittet man den Klienten, die Augen geschlossen zu lassen und sich vorzustellen, dass eine etwa fußballgroße Sonne über seinem Kopf schwebt und ein angenehmes, wohliges und heilsames Licht auf ihn ausstrahlt.

Dann lässt man ihn viermal langsam und tief ein- und ausatmen. Bei der ersten Einatmung soll er sich vorstellen, wie das Licht dieser Sonne in seinen Kopf, den Schulter- und Brustbereich einströmt und ausfüllt. Der Klient soll sich dies so intensiv vorstellen wie möglich und entsprechende Gefühle in sich aktivieren.

Bei der zweiten Einatmung soll er sich vorstellen, wie das Licht dieser Sonne noch weiter nach unten in seinen Bauchraum und den Unterleib fließt.

Bei der dritten Einatmung soll er das Licht auch seine Arme, Beine, Hände und Füße, - jede Zelle seines Körpers ausfüllen und durchstrahlen lassen.

Und bei der letzten Einatmung soll er visualisieren, wie ihn das Licht nicht nur vollständig erfüllt, sondern auch noch eine Aura um seinen Körper herum bildet, so dass der Klient selbst zu einer Sonne geworden ist, die ein angenehmes, wohliges und heilsames Licht auf die Welt und die Menschen und Lebewesen um sich herum ausstrahlt.

Dann lässt man den Klienten noch solange in diesem angenehmen Zustand verharren, wie er möchte und lädt ihn dazu ein, jederzeit die Augen öffnen zu können, wenn er das will, genauso wie es für ihn stimmig und angenehm ist.

ಐಐಐಐಐಐಐಐಐಐಐಐಐಐಐಐಐಐಐಐಐಐಐಐ

Wie ich bereits erwähnt habe, muss man mit dem Basis PPI aber nicht immer ein Problem bearbeiten. Auch wenn man einfach nur Lust am Experimentieren hat oder aber innere emotionale Einseitigkeiten in Bezug auf eine beliebige Polarität beseitigen möchte, ist der Basis PPI eine wunderbare Sache. Eine Liste mit wichtigen Polaritäten finden sie im Kapitel über den Zen-Meister Hui Neng. Natürlich können sie auch eigene Listen erstellen und diese dann Schritt für Schritt durchgehen und integrieren. In diesem Fall können sie den Prozess folgendermaßen durchführen:

ಐಐಐಐಐಐಐಐಐಐಐಐಐಐಐಐಐಐಐಐಐಐಐಐ

Der Basis PPI zur Integration ausgewählter Polaritäten:

1. Der Klient soll benennen, welche Polarität er integrieren möchte (z.B. Liebe versus Freiheit)
2. Dann instruiert man ihn:

a) „Fühle Pol A (z.B. Liebe) so intensiv du kannst und erzähle mir, was dabei in dir als Erfahrung auftaucht."

b) „Fühle Pol B (z.B. Freiheit) so intensiv du kannst und erzähle mir, was dabei in dir als Erfahrung auftaucht."

3. Dann lässt man den Klienten immer wieder zwischen den beiden Polen a) und b) hin und her wechseln, bis die emotionale Ladung in Bezug auf die beiden Pole verschwunden ist und er keinen Unterschied zwischen beiden mehr fühlen und erkennen kann.

4. Zum Abschluss kann man den Klienten fragen:

„Sage mir, gibt es einen Unterschied zwischen a) (z.B. Liebe) und b) (z.B. Freiheit)?"

„Glaubst du, dass du in Zukunft fähig sein wirst, sowohl Liebe als auch Freiheit erleben zu können, ohne dass diese sich gegenseitig ausschließen?"

ღღღღღღღღღღღღღღღღღღღღღღღღ

Normalerweise wird der Klient an dieser Stelle antworten, dass es keinen Unterschied zwischen a) und b) gibt und dass er durchaus glaubt, beide Pole ohne emotionale Ladung erleben zu können. Genau wie bei der Anwendung des Basis PPI zur Beseitigung subjektiver Probleme kann man dem Klienten nun noch etwas Zeit lassen, den angenehmen Zustand mit geschlossenen Augen solange auszukosten, wie er Lust hat und dann die Augen wieder zu öffnen. Oder aber man vertieft den angenehmen Zustand noch kurz, indem man ihn wie oben beschrieben mit Licht füllt oder eine andere Trance anwendet.

Je nach Anwender kann die subjektive Erfahrung der Integration dann deutlich variieren und hat schon so manchen überrascht. Im schwächsten Fall erlebt man einen Zustand der Neutralität und des Gleichmuts in Bezug auf die beiden Pole. Häufiger ist dagegen das Erlebnis einer Art von Zentriertheit und Präsenz, die als angenehm bis äußerst angenehm beschrieben wird. Nicht selten werden aber auch unterschiedliche „Core-Zustände" wie Liebe, Dankbarkeit, Frieden oder eine ozeanische Ausdehnung des Seins berichtet. Bei mehrstündiger oder auch regelmäßiger längerer Anwendung kann dieser Zustand auch sehr intensiv werden.

Unter den in diesem Buch angeführten Polaritäten-Integrations-Methoden ist der Basis PPI zwar nicht der Schnellste, doch ist er vielseitig einsetzbar, liefert viele Erkenntnisse und kann von fast jedem Menschen erfolgreich angewendet werden. Darüber hinaus ist er zusammen mit dem „Fundamentalen Polaritäten Prozess" die einzige Technik, mit der man allgemein formulierte, philosophische oder abstrakte Polaritäten integrieren kann.

Je nachdem, welches Thema man mit dieser Technik bearbeitet, sind die Resultate auch durchaus respektabel. Manchmal reicht bereits eine einzige Integration, um ein Problem spürbar und anhaltend zu beseitigen. Allerdings muss man sich darüber im Klaren sein, dass die Integration schwerer Probleme und ausgewählter Polaritäten meist mehrmals durchgeführt werden muss, um stabil zu sein. Dennoch lohnt sich die Anwendung unbedingt, da man mit dem Basis PPI auf spielerische Weise und zuverlässig emotionale und mentale Erleichterung erfährt.

Ich für meine Person verwende den Basis PPI immer wieder gerne, wenn es mir um die Integration ausgewählter Polaritäten geht.

Hier noch ein Beispiel für eine Anwendung des Basis PPI:

Eine Klientin benannte das Thema, dass sie sich immer schuldig fühle, wenn sie sich im Falle einer Erkrankung oder Verletzung in ihrer Firma krank meldet. Sie habe dann zusätzlich zur Erkrankung auch noch Gewissensbisse und mache sich Sorgen, was ihre Kolleginnen über sie denken würden.

Als zugrunde liegende Polarität identifizierten wir das Thema „brauchbar sein versus zur eigenen Befindlichkeit stehen".

Der Prozess:

Ich: „Fühle dich so intensiv du kannst in das Thema ein, brauchbar zu sein und erzähle mir, was dabei in dir als Erfahrung auftaucht."

Antwort: „Ich fühle mich in einem aktiven Modus, fühle mich richtig. Mein innerer Kritiker gibt Ruhe und ich bin zufrieden mit mir."

Ich: „Fühle dich so intensiv du kannst in das Thema ein, zu deiner Befindlichkeit zu stehen und erzähle mir, was dabei in dir als Erfahrung auftaucht."

Antwort: „Ich fühle mich schuldig, habe ein schlechtes Gewissen, muss dauernd prüfen, ob es mir wirklich richtig schlecht geht. Ich frage mich, ob ich egoistisch bin."

Ich: „Fühle dich so intensiv du kannst in das Thema ein, brauchbar zu sein und erzähle mir, was dabei in dir als Erfahrung auftaucht."

Antwort: „Ich bin diejenige, die stark ist und geben kann. Damit kann mir keiner was vorwerfen und alle schulden mir was, weil ich mich so aufopfere. Ich fühl mich gut."

Ich: „Fühle dich so intensiv du kannst in das Thema ein, zu deiner Befindlichkeit zu stehen und erzähle mir, was dabei in dir als Erfahrung auftaucht."

Antwort: „Ich muss mit Vorwürfen von meinen Kolleginnen rechnen. Ich fühle mich unter Druck. Bin in einer Rechtfertigungs-Situation, fühle mich in die Ecke getrieben, wenn mich jemand fragt, ob´s mir wirklich so schlecht geht, dass ich mich krank melden muss. Das ist mir unangenehm."

Ich: „Fühle dich so intensiv du kannst in das Thema ein, brauchbar zu sein und erzähle mir, was dabei in dir als Erfahrung auftaucht."

Antwort: „Ich entgehe diesem Druck, habe aber Angst vor der Reaktion meines Körpers und vor Überlastung, falls ich im kranken Zustand in die Arbeit gehe. Das setzt mich dann auch unter Druck und ich fühle mich hilflos."

Ich: „Fühle dich so intensiv du kannst in das Thema ein, zu deiner Befindlichkeit zu stehen und erzähle mir, was dabei in dir als Erfahrung auftaucht."

Antwort: „Ich bin froh drum, Ruhe zu bekommen, wenn es mir körperlich so schlecht geht."

Ich: „Fühle dich so intensiv du kannst in das Thema ein, brauchbar zu sein und erzähle mir, was dabei in dir als Erfahrung auftaucht."

Antwort: „Dann habe ich immer eine ganze Latte von Dingen vor mir, die abgearbeitet werden müssen. Wenn ich alles erledigt habe, bin ich zufrieden und kann mich ausruhen. Manchmal schlägt das dann aber um in Ärger auf meine Kolleginnen."

Ich: „Fühle dich so intensiv du kannst in das Thema ein, zu deiner Befindlichkeit zu stehen und erzähle mir, was dabei in dir als Erfahrung auftaucht."

Antwort: „Da ist immer so ein Überprüfen da, ob ich wirklich krank genug bin um mich dem Nichtstun hingeben zu dürfen. Andererseits fühlt sich´s gut an, mich ausruhen zu dürfen."

Ich: „Fühle dich so intensiv du kannst in das Thema ein, brauchbar zu sein und erzähle mir, was dabei in dir als Erfahrung auftaucht."

Antwort: „Irgendwie ist des grad alles Quatsch."

Ich: „Fühle dich so intensiv du kannst in das Thema ein, zu deiner Befindlichkeit zu stehen und erzähle mir, was dabei in dir als Erfahrung auftaucht."

Antwort: „Ja, das sollte eigentlich der Normalzustand sein. So fühl ich mich halt."

Ich: „Fühle dich so intensiv du kannst in das Thema ein, brauchbar zu sein und erzähle mir, was dabei in dir als Erfahrung auftaucht."

Antwort: „Ich kann ja brauchbar sein, solange es sich gut anfühlt."

Ich: „Fühle dich so intensiv du kannst in das Thema ein, zu deiner Befindlichkeit zu stehen und erzähle mir, was dabei in dir als Erfahrung auftaucht."

Antwort: „Dann fühl ich mich ok."

Ich: „Fühle dich so intensiv du kannst in das Thema ein, brauchbar zu sein und erzähle mir, was dabei in dir als Erfahrung auftaucht."

Antwort: „Das kann halt in Richtung „ausgenutzt werden" gehen."

Ich: „Fühle dich so intensiv du kannst in das Thema ein, zu deiner Befindlichkeit zu stehen und erzähle mir, was dabei in dir als Erfahrung auftaucht."

Antwort: „Jetzt fühle ich grade so, als wäre das was Verbotenes."

Ich: „Fühle dich so intensiv du kannst in das Thema ein, brauchbar zu sein und erzähle mir, was dabei in dir als Erfahrung auftaucht."

Antwort: „Dann fühle ich mich halt richtig und brauche keine Angst vor Strafe zu haben."

Ich: „Fühle dich so intensiv du kannst in das Thema ein, zu deiner Befindlichkeit zu stehen und erzähle mir, was dabei in dir als Erfahrung auftaucht."

Antwort: „Ich spüre Druck im Magen."

Ich: „Fühle dich so intensiv du kannst in das Thema ein, brauchbar zu sein und erzähle mir, was dabei in dir als Erfahrung auftaucht."

Antwort: „Da ist nichts mehr."

Ich: „Fühle dich so intensiv du kannst in das Thema ein, zu deiner Befindlichkeit zu stehen und erzähle mir, was dabei in dir als Erfahrung auftaucht."

Antwort: „Ich glaube, ich muss mir dann immer ne Erlaubnis dafür geben. Wenn ich mir die geben kann, ist alles gut."

Ich: „Fühle dich so intensiv du kannst in das Thema ein, brauchbar zu sein und erzähle mir, was dabei in dir als Erfahrung auftaucht."

Antwort: „Dann mach ich vielleicht irgendwas, aber schon mit nem Vorwurf an die Kolleginnen in der Hinterhand."

Ich: „Fühle dich so intensiv du kannst in das Thema ein, zu deiner Befindlichkeit zu stehen und erzähle mir, was dabei in dir als Erfahrung auftaucht."

Antwort: „Dann bin ich dankbar."

Ich: „Fühle dich so intensiv du kannst in das Thema ein, brauchbar zu sein und erzähle mir, was dabei in dir als Erfahrung auftaucht."

Antwort: „Da ist nichts mehr."

Ich: „Fühle dich so intensiv du kannst in das Thema ein, zu deiner Befindlichkeit zu stehen und erzähle mir, was dabei in dir als Erfahrung auftaucht."

Antwort: „Da ist auch nichts mehr"

Ich: „Fühle dich so intensiv du kannst in das Thema ein, brauchbar zu sein und erzähle mir, was dabei in dir als Erfahrung auftaucht."

Antwort: „Da ist alles leer."

Ich: „Fühle dich so intensiv du kannst in das Thema ein, zu deiner Befindlichkeit zu stehen und erzähle mir, was dabei in dir als Erfahrung auftaucht."

Antwort: „Da ist das Gleiche."

Ich: „Sage mir, kannst du jetzt noch irgendeinen Unterschied fühlen zwischen „brauchbar sein" und „zur eigenen Befindlichkeit stehen?"

Antwort: „Nein, beides ist da Gleiche."

Ich: „Gut, dann sage mir, was ist jetzt aus deinem Problem geworden, dass du dich schuldig fühlst, wenn du dich wegen Krankheit krank melden möchtest? Erlebst du es jetzt noch als Problem oder ist es kein Problem mehr?

Antwort: „Jetzt grad fühle ich es nicht als Problem. Jetzt ist es mir wurscht."

Auch wenn die Klientin an diesem Punkt bereits sehr zufrieden mit dem Ergebnis wirkte, war der Prozess an diesem Punkt noch nicht abgeschlossen. Zur Vertiefung und Stabilisierung des Erfolgs führten wir anschließend noch die Überprüfung durch, ob sie glaubt, dass das Problem in Zukunft gegen ihren Willen wieder auftauchen kann, was sie verneinte. Dann führten wir den Prozess noch aus der Perspektive der Kolleginnen durch (was diese wohl denken, wenn sich die Klientin krank meldet) und zum Schluss füllte ich die Klientin, wie oben beschrieben, mit Licht.

Ivana Ende der Worte (IEW)

„Ivana Ende der Worte" ist eine sehr einfache Technik zur Polaritäten Integration, die von Ivana Tomanovic entwickelt wurde. IEW hat unter den Methoden zur Integration von Polaritäten eine Sonderstellung, da man mit ihr weder ein ausgewähltes Problem mit seinem Gegenteil, noch die zwei Pole einer als Problem erlebten Polarität integriert, sondern die damit verbundene Bewertung als „schlecht" mit ihrem Gegenteil, nämlich „gut". Insofern beseitigt sie exakt das Problem, das in der biblischen Geschichte durch die Erkenntnis von Gut und Böse über die Menschheit hereinbrach.

IEW ist immer dann besonders interessant, wenn man ein Problem nicht nur beseitigen, sondern vorher auch noch mehr über das Problem erfahren will.

Mit IEW lassen sich nämlich mehrere Ziele auf einmal erreichen:

1. Zum einen kann man damit die Glaubenssätze herausfinden, die einem Problem zugrunde liegen, was nicht selten zu interessanten Einsichten auf Seiten des Anwenders führt.

2. Darüber hinaus erhält man Hinweise über die positiven Aspekte des Problems bzw. den Gewinn, den dieses für uns hat.

3. Schließlich kann man durch die Anwendung von IEW die emotionale Ladung aus einem Problem herausnehmen, so dass dieses im Idealfall gelöst ist und nicht mehr als Problem erlebt wird.

Bei IEW betrachtet man das Problem, das man beseitigen möchte, aus der Perspektive der Bewertungen „gut versus schlecht", die offenbar eine kollektive Schlüssel-Polarität für die Menschheit bilden. An anderer Stelle in diesem Buch habe ich ja bereits auf die christliche Schöpfungsgeschichte hingewiesen, in der die Erschaffung unserer Welt sehr schön in Form des Auftauchens immer neuer Polaritäten beschrieben wird. Wie wir alle wissen, kam es in dieser Geschichte jedoch sehr bald zu einem „ersten"

Drama, das zum mythischen Sturz von Adam und Eva aus dem Paradies in eine Welt des Leidens führte. Und dieses Drama begann damit, dass die beiden im Garten Eden vom Baum der Erkenntnis von Gut und Böse aßen. Ab diesem Zeitpunkt waren alle Unschuld, alle Sicherheit und aller Seelenfrieden vorbei und Adam und Eva fielen aus dem paradiesischen Zustand in die Welt der Konflikte, der Krankheiten und der Vergänglichkeit.

Durch die Bewertung der Dinge als Gut oder Böse bzw. Schlecht erzeugen wir aber nicht nur eine Trennung zwischen den Dingen (gute Dinge versus schlechte Dinge), sondern zugleich auch zwischen den Dingen und uns selbst. So fürchten wir z.B. eine Schlange, doch fürchtet sich die Schlange nicht vor sich selbst. Wäre die Schlange aber wirklich etwas Schlimmes, dann wäre sie auch für sich selbst schlimm. Dann könnte sie aus Scham oder Furcht vor sich selbst keine Sekunde überleben. Die Bewertung einer Sache und unser Gefühl, von dieser Sache getrennt zu sein, gehören somit zum gleichen Phänomen.

Was die Bibel im 1. Buch Mose in kurzen Sätzen beschreibt, trifft dabei auch auf uns und alle Menschen zu. Denn auch für uns dreht sich in gewisser Weise alles um die Polarität „Gut und Böse", wobei unter „gut" alles subsumiert werden kann, was uns wertvoll, erwünscht, wahr, positiv, erstrebenswert und richtig erscheint, und unter „böse" alles, was wir für schlecht, unerwünscht, schädlich, schlimm, negativ oder falsch erachten.

Indem wir irgendein Phänomen nämlich als „gut oder böse" bewerten, wird es für uns automatisch emotional bedeutsam und wir nehmen es nur noch einseitig wahr. Selbst wenn es sich dabei um einen völlig neutralen Sachverhalt handelt, bereitet die Etikettierung dieses Sachverhaltes als „Gut oder Böse" sofort der Boden für eine Menge Probleme.

Stellen Sie sich vor, Sie gehen spazieren und kommen an eine Weggabelung, an der Sie entweder nach links oder nach rechts weitergehen können. Nun, dies wäre soweit eine völlig neutrale Situation. Angenommen, es gilt nun aber als gut, nach rechts zu gehen und als böse, wenn Sie den linken Pfad wählen. Dann haben Sie sofort einen Konflikt zwischen den „Guten", die brav rechts gehen und den „Bösen", die das nicht tun. Vielleicht werden sich die, die nach rechts gehen dann für Gutmenschen halten und sich fragen, was in Gottes Namen die anderen dazu treiben kann, nach links zu gehen. Als mögliche Erklärungen kämen dann nur noch zwei Antworten in Frage: entweder sie können nicht anders oder sie wollen nicht anders. Im ersteren Fall wären sie Unwissende, die über ihren Fehler aufgeklärt und zum richtigen Verhalten bekehrt werden sollten, oder aber Behinderte, die einem entweder leidtun würden oder die man für bestrafenswert halten würde. Im zweiten Fall wären sie Querulanten, störrische Verweigerer oder bösartige Elemente, die sich offensichtlich gegen die Gemeinschaft stellen, so dass sie ebenfalls zum Umdenken bekehrt oder gezwungen werden müssten oder die man ebenfalls für bestrafenswert halten würde.

Sie sehen, allein durch das Einführen der Bewertungen „Gut und Böse" entsteht die Möglichkeit der unglaublichsten Szenarien und unsere Realität auf Erden scheint die biblische Geschichte in ihrer Botschaft durchaus zu bestätigen, dass dies eine der grundsätzlichsten und fundamentalsten Polaritäten für das Wohl und Wehe der Menschen darstellt.

Um den moralischen Aspekt des Wortes „Böse" jedoch nicht überzubewerten und dadurch Widerstand beim Anwender hervorzurufen, hat sich der Begriff „schlecht" als sehr gute Alternative dazu bewährt.

Nehmen wir aber ein praktisches Beispiel aus dem alltäglichen Leben:

Angenommen eine Person wird in ihrem Job gekündigt, dann ist dies erst einmal einfach ein Sachverhalt, auf den diese Person irgendwie reagieren muss. Bewertet sie diesen Sachverhalt als schlecht oder gar als persönliche Katastrophe, dann führt diese Bewertung automatisch dazu, dass sie unter dem Jobverlust leidet. Bewertet sie diesen Sachverhalt jedoch als Glück, weil sie dadurch z.B. endlich aus einer gehassten Situation herauskommt, dann wird sie sich über diesen Sachverhalt dagegen sogar mehr oder weniger freuen. In jedem Fall wird es ihr bei einer negativen Bewertung aber schwer fallen, die positiven Aspekte des Sachverhalts erkennen zu können.

Und genau gegen diesen Punkt wirkt Ivana Ende der Worte als Gegengift.

Allerdings möchte ich an dieser Stelle darauf hinweisen, dass Ivana Ende der Worte nicht mit jeder Person durchgeführt werden kann. Dies liegt weniger an der Methode selbst, die grundsätzlich bei jedem funktioniert, als vielmehr an der Tatsache, dass sich einige Menschen nicht auf sie einlassen können. Ivana Ende der Worte verlangt nämlich vom Anwender die Bereitschaft, die Idee zu akzeptieren, dass jedes Problem auch positive Aspekte hat, die durch die Problemsicht freilich meist nicht wahrgenommen werden können.

Die Anwendung von Ivana Ende der Worte verlangt somit vom Klienten, über seinen eigenen Schatten zu springen und sich nicht länger daran zu klammern, nur ein Opfer der Umstände zu sein. Vielmehr wird von ihm erwartet, die Opferrolle loszulassen und allen Ernstes nach dem Guten im Schlimmen zu suchen. Ich habe mehrmals erlebt, dass mir Personen mit zunehmender Wut klar zu machen versuchten, dass es in dem von ihnen erlebten Problem absolut nichts Gutes gäbe und dass es auch unzumutbar sei, von ihnen zu verlangen, ihre Not durch die Suche nach Positivem in Frage zu stellen. Nun, unter solchen Umständen ist es leider nicht möglich, diese Methode anzuwenden, wobei es auch gar nicht darum geht, die Not eines Menschen in Frage zu stellen oder zu relativieren. Vielmehr geht es darum, eine einseitige Sichtweise aufzubrechen, den Blick auf den Gegenpol zu ermöglichen und beide Pole schließlich zu integrieren.

Um Misstöne zu vermeiden ist es somit immer ratsam, der Person, bei der man Ivana Ende der Worte anwenden will, vorher eine kurze Einführung in den Prozess zu geben. Man muss der Person die Idee vermitteln, dass in allem Unangenehmen und Schlechten auch das Potenzial für etwas Gutes steckt und umgekehrt. Dann muss man sicherstellen, dass die Person diese Idee auch wirklich akzeptiert und ihr eventuell auch Beispiele geben, die man kurz diskutiert. Man könnte z.b. obiges Beispiel anführen und dazu folgendes sagen: „Angenommen jemandem wird seine Arbeitsstelle gekündigt. Dann ist es völlig verständlich und nachvollziehbar, wenn es demjenigen schlecht damit geht und er dies als Problem sieht. Allerdings ist es auch möglich, dieser Situation etwas Positives zu entnehmen. So hat derjenige nun vielleicht die Möglichkeit, einen besseren Job zu finden, sich selbständig zu machen, die unangenehmen Aspekte seines bisherigen Jobs loszuwerden etc. Vielleicht drängt ihn die Situation dazu, sich fortzubilden, was ihm auf längere Sicht weitere Vorteile bringt. Oder er hat die Chance, sein Leben völlig umzukrempeln." Wenn Ihr Gegenüber dieses Beispiel akzeptieren kann oder gar eigene Ideen für mögliche positive Aspekte findet, kann man Ivana Ende der Worte meist auch erfolgreich bei ihr anwenden.

Ivana Ende der Worte: der Prozess (Teil 1)

Man bittet den Klienten, die Augen zu schließen und fragt ihn abwechselnd:

1. „Sage mir, was ist SCHLECHT an dieser Situation (an diesem Zustand)? (den vom Gegenüber als Problem bezeichneten Zustand nennen)"
2. „Sage mir, was ist GUT an dieser Situation (an diesem Zustand)? (den vom Gegenüber als Problem bezeichneten Zustand nennen)"
3. „Sage mir, was ist SCHLECHT an dieser Situation (an diesem Zustand)? (den vom Gegenüber als Problem bezeichneten Zustand nennen)"
4. „Sage mir, was ist GUT an dieser Situation (an diesem Zustand)? (den vom Gegenüber als Problem bezeichneten Zustand nennen)"
5. „Sage mir, was ist SCHLECHT an …etc.?"

Die Fragen stellt man dabei ohne längere Pausen und laut Zivorad Slavinski erzielt man das beste Resultat, wenn man sich genau an den angegebenen Wortlaut hält. Wenn der Klient jedoch Schwierigkeiten damit hat, positive Aspekte an seinem Problem zu finden, benutze ich auch gerne die alternative Frage: „Sage mir, was an dieser Situation gut sein könnte!", um seine Fantasie stärker anzuregen. Dem Inhalt der Antworten muss man nicht unbedingt Bedeutung beimessen, außer man möchte sie noch weiter besprechen oder therapeutisch verwenden. In diesem Fall schreibt man sie am besten auf, was zur reinen Problembeseitigung jedoch nicht notwendig ist.

Bei Wiederholungen der gleichen Antwort sollte man den Klienten allerdings darauf hinweisen, dass er diese Antwort bereits gegeben hat und eine andere finden soll.

Wichtig ist, dass man den Klienten dazu anregt, sich solange intensiv um immer neue Antworten zu bemühen, bis ihm am Ende wirklich gar nichts mehr einfällt und er sprachlos ist.

Bis dahin dauert es in der Regel wenige Minuten bis etwas über eine viertel Stunde. Der Prozess nähert sich dem Ende, wenn es dem Klienten immer schwerer fällt, neue Antworten zu finden und ihm das ganze Thema immer unwichtiger wird. Zum Schluss befindet er sich in einem Zustand innerer Leere wieder. Er ist nicht mehr imstande, ein einziges Wort zu finden, um sein Problem zu beschreiben – weder für das Gute noch für das Schlechte. Er hat keine Worte mehr. Daher kommt auch der Name dieser Methode: Das Ende der Worte.

An diesem Punkt fragt man sein Gegenüber:

„Was ist mit deinem Problem geschehen, von dem wir ausgegangen sind (Problem sollte benannt werden)? Ist es immer noch ein Problem für dich oder ist es kein Problem mehr?"

Wenn man den Prozess richtig durchgeführt hat, wird der Klient an diesem Punkt sagen, dass er diese Situation nicht mehr als Problem erlebt, dass ihm der vorherige unerwünschte Zustand als sehr weit entfernt scheint, oder als unbedeutend. Dies muss so sein, denn wenn man keine Worte mehr findet, mit denen man eine negative Situation (ein Problem) beschreiben kann, dann verschwindet das Problem. Gerade darin liegt die innere Magie und die Macht der Sprache! Der Klient verbleibt für eine kurze Weile sprachlos, fühlt sich leer und befreit und das Problem und die Worte, mit denen er die Situation beschrieben hat, sind verschwunden.

Dennoch ist es sinnvoll, zu überprüfen, ob sich der Klient auch wirklich vollständig von seinem Problem entleert hat. Hierfür fragt man ihn, ob er jetzt in diesem Moment glaubt, dass sein Problem in Zukunft gegen seinen Willen wieder auftauchen kann. Wenn er dies verneint, kann man zu Teil 3 des Prozesses übergehen. Wenn er glaubt, dass das Problem gegen seinen Willen wieder auftauchen kann, fährt man auf folgende Weise mit dem Prozess fort:

Ivana Ende der Worte: der Prozess (Teil 2):

Man bittet den Klienten, die Augen geschlossen zu lassen und fragt ihn abwechselnd:

1. „Sage mir, was ist SCHLECHT daran, wenn diese Situation (dieser Zustand)? (den vom Gegenüber als Problem bezeichneten Zustand nennen) in Zukunft gegen deinen Willen wieder auftaucht?"
2. „Sage mir, was ist GUT daran, wenn diese Situation (dieser Zustand)? (den vom Gegenüber als Problem bezeichneten Zustand nennen) in Zukunft gegen deinen Willen wieder auftaucht?"
3. „Sage mir, was ist SCHLECHT daran, wenn diese Situation (dieser Zustand)? (den vom Gegenüber als Problem bezeichneten Zustand nennen) in Zukunft gegen deinen Willen wieder auftaucht?"
4. „Sage mir, was ist GUT daran, wenn diese Situation (dieser Zustand)? (den vom Gegenüber als Problem bezeichneten Zustand nennen) in Zukunft gegen deinen Willen wieder auftaucht?"
5. „Sage mir, was ist SCHLECHT daran…etc.?"

☙☙☙☙☙☙☙☙☙☙☙☙☙☙☙☙☙☙☙☙☙☙☙☙☙☙

Auch mit diesen Fragen fährt man wieder fort, bis der Klient selbst unter Anstrengung keine neue Antwort mehr findet und erneut sprachlos ist.

Dann fragt man ihn: „Was ist mit deinem Problem geschehen, nämlich dass du befürchtest, dass dein Problem (Problem sollte benannt werden) in Zukunft gegen deinen Willen wieder auftauchen kann? Ist dies noch ein Problem für dich oder ist das im Moment kein Problem mehr für dich?"

In den allermeisten Fällen ist der Prozess an dieser Stelle zu Ende, da der Klient in diesem Moment kein Problem mehr spüren oder sich vorstellen kann. Wird die Situation immer noch als Problem wahrgenommen, wurde der Prozess nicht vollständig durchgeführt, was bedeutet, dass wichtige positive und/oder negative Aspekte vom Klienten übersehen wurden.

Optional – mit Licht füllen:

Zum Abschluss des Prozesses kann man den Klienten noch darum bitten, die Augen geschlossen zu lassen und sich vorzustellen, dass eine etwa Fußballgroße Sonne über seinem Kopf schwebt und ein angenehmes, wohliges und heilsames Licht auf ihn ausstrahlt.

Dann lässt man ihn viermal langsam und tief ein- und ausatmen. Bei der ersten Einatmung soll er sich vorstellen, wie das Licht dieser Sonne in seinen Kopf, den Schulter und Brustbereich einströmt und ausfüllt. Der Klient soll sich dies so intensiv vorstellen wie möglich.

Bei der zweiten Einatmung soll er sich vorstellen, wie das Licht dieser Sonne noch weiter nach unten in seinen Bauchraum und den Unterleib fließt.

Bei der dritten Einatmung soll er das Licht auch seine Arme, Beine, Hände und Füße, - jede Zelle seines Körpers ausfüllen und durchstrahlen lassen.

Und bei der letzten Einatmung soll er visualisieren, wie ihn das Licht nicht nur vollständig erfüllt, sondern auch noch eine Aura um seinen Körper herum bildet, so dass der Klient selbst zu einer Sonne geworden ist, die ein angenehmes, wohliges und heilsames Licht auf die Welt und die Menschen und Lebewesen um sich herum ausstrahlt.

Dann lässt man den Klienten noch solange in diesem angenehmen Zustand verharren, wie er möchte und lädt ihn dazu ein, jederzeit die Augen öffnen zu können, wenn er das will, genauso wie es für ihn stimmig und angenehm ist.

In der Regel ist man nach diesem Prozess sehr entspannt. Darüber hinaus sind viele äußerst überrascht, dass ihr Problem so schnell und leicht verschwinden konnte und nicht mehr als Belastung erlebt wird. Dies ist besonders dann der Fall, wenn es sich um Probleme handelt, die jemand schon seit langer Zeit mit sich herum trägt.

IEW ist eine ausgezeichnete Methode der Psychohygiene, die jeder in seinem Notfallkoffer zur emotionalen Selbstregulation zur Verfügung haben sollte.

Bei regelmäßiger und häufiger Anwendung ist sie sogar weit mehr als nur eine Selbsthilfe-Methode.

Man kann mit ihrer Hilfe auf Dauer seine eigene Persönlichkeit und sein gesamtes Leben völlig verändern. Man wird zunehmend damit aufhören, Lebensereignisse einseitig zu bewerten und entsprechend emotional darauf zu reagieren. Stattdessen wird man immer häufiger automatisch das Gute im Schlechten erkennen sowie die unsichtbaren negativen Aspekte im oberflächlich gesehen Guten. Es wird einem zunehmend absurd erscheinen, drastische einseitige Urteile zu fällen und man wird sich zunehmend in dem Wissen entspannen, dass nichts absolut Gut und nichts absolut Schlecht sein kann. Der sorgenvolle Geist wird langsam verstummen und eine taoistische Gelassenheit wird langsam aber sicher Besitz von einem ergreifen. Und eine scheinbar lächerlich einfache Technik wird ihren ganzen Zauber entfaltet haben.

Hier noch ein Beispiel für eine Anwendung von Ivana Ende der Worte aus meiner Praxis:

Eine Klientin kam mit dem Problem zu mir, dass sie sich ständig erschöpft und energielos fühle. Ich erklärte ihr den Prozess und sie war sehr daran interessiert, ihn auszuprobieren. Also stellte ich ihr abwechselnd die obigen Fragen und erhielt folgende Antworten:

Frage 1: Sagen Sie mir, was ist SCHLECHT daran, wenn sie sich erschöpft und energielos fühlen?

Antwort: ich mache nichts Produktives.

Frage 2: Sagen Sie mir, was ist GUT daran, wenn sie sich erschöpft und energielos fühlen?

Antwort: ich habe ein Alibi, nichts zu tun.

Frage 1: Sagen Sie mir, was ist SCHLECHT daran, wenn sie sich erschöpft und energielos fühlen?

Antwort: es fühlt sich so schwer an.

Frage 2: Sagen Sie mir, was ist GUT daran, wenn sie sich erschöpft und energielos fühlen?

Antwort: ich habe z.B. mehr Zeit für meinen Sohn und zum Lesen

Frage 1: Sagen Sie mir, was ist SCHLECHT daran, wenn sie sich erschöpft und energielos fühlen?

Antwort: ich setze keine Ideen und Pläne um.

Frage 2: Sagen Sie mir, was ist GUT daran, wenn sie sich erschöpft und energielos fühlen?

Antwort: ich kann gut schlafen.

Frage 1: Sagen Sie mir, was ist SCHLECHT daran, wenn sie sich erschöpft und energielos fühlen?

Antwort: ich kann einige Dinge nicht tun, die mir eigentlich Spaß machen würden, wie z.B. joggen.

Frage 2: Sagen Sie mir, was ist GUT daran, wenn sie sich erschöpft und energielos fühlen?

Antwort: ich könnte mich auf die Suche nach etwas machen, was mir Freude bereitet und was keine Energie kostet.

Frage 1: Sagen Sie mir, was ist SCHLECHT daran, wenn sie sich erschöpft und energielos fühlen?

Antwort: es scheint mir, dass man für alles Energie braucht.

Frage 2: Sagen Sie mir, was ist GUT daran, wenn sie sich erschöpft und energielos fühlen?

Antwort: ich muss mich damit auseinandersetzen.

Frage 1: Sagen Sie mir, was ist SCHLECHT daran, wenn sie sich erschöpft und energielos fühlen?

Antwort: ich fühle mich abgeschnitten vom Leben.

Frage 2: Sagen Sie mir, was ist GUT daran, wenn sie sich erschöpft und energielos fühlen?

Antwort: die Erkenntnis, dass Leben nicht nur Aktivität bedeutet.

Frage 1: Sagen Sie mir, was ist SCHLECHT daran, wenn sie sich erschöpft und energielos fühlen?

Antwort: es gibt mir das Gefühl, schwach zu sein.

Frage 2: Sagen Sie mir, was ist GUT daran, wenn sie sich erschöpft und energielos fühlen?

Antwort: es zwingt mich zur Ruhe, so dass ich Zeit habe nachzudenken und mich zu schonen.

Frage 1: Sagen Sie mir, was ist SCHLECHT daran, wenn sie sich erschöpft und energielos fühlen?

Antwort: ich habe Angst, dass ich meine Pflichten nicht erledigen kann.

Frage 2: Sagen Sie mir, was ist GUT daran, wenn sie sich erschöpft und energielos fühlen?

Antwort: ich kann die Erfüllung von unliebsamen Pflichten auf das Minimum reduzieren.

Frage 1: Sagen Sie mir, was ist SCHLECHT daran, wenn sie sich erschöpft und energielos fühlen?

Antwort: ich fühle mich hilflos

Frage 2: Sagen Sie mir, was ist GUT daran, wenn sie sich erschöpft und energielos fühlen?

Antwort: das Wissen, dass es irgendwann wieder vorüber gehen wird.

Frage 1: Sagen Sie mir, was ist SCHLECHT daran, wenn sie sich erschöpft und energielos fühlen?

Antwort: ich kann mich nicht mehr durch Aktivitäten von meinen Sorgen ablenken.

Frage 2: Sagen Sie mir, was ist GUT daran, wenn sie sich erschöpft und energielos fühlen?

Antwort: ich kann mich nicht mehr durch Aktivitäten von meinen Sorgen ablenken.

An dieser Stelle musste die Klientin lachen, da ihr bewusst wurde, dass sie Aktivitäten zwar gerne dazu benutzt, um sich von sorgenvollen Gedanken abzulenken, dass es aber sehr gut für sie sein könnte, sich endlich einmal genau diesen Gedanken zu stellen. Anschließend fielen ihr keine weiteren Antworten mehr ein und sie beteuerte, dass sie ihre Erschöpfung nun nicht mehr als Problem sehen würde.

Danach fragte ich sie noch, ob sie glaube, dass sie Erschöpfungszustände in Zukunft erneut gegen ihren Willen als Problem erleben würde. Dies verneinte sie und so leitete ich zum Abschluss noch die Sequenz an, in der sie sich mit Licht füllte (siehe oben).

Holistic Releasing

Das „Holistic Releasing" (zu Deutsch: ganzheitliches Loslassen) wurde als 4. Variante der Sedona Methode von Hale Dwoskin entwickelt und gehört zur Gruppe der „Emotional Releasing"-Methoden, mit deren Hilfe man sich in kürzester Zeit von unerwünschten oder unangenehmen Emotionen befreien kann.

Derzeit existieren soweit ich weiß 5 Varianten der Sedona Methode und sie sind alle sehr hilfreich und wirksam. Das Holistic Releasing weist dabei am deutlichsten das Grundelement aller Polaritäten-Integrations-Methoden auf und hat dadurch eine ganz eigene Note.

Die Basis aller Sedona Methoden ist die Erkenntnis, dass man subjektive Probleme durch inneren Widerstand erzeugt und aufrecht erhält und folglich durch das Aufgeben dieses Widerstands auflösen kann. Schließlich ist es ja nicht so, dass wir unangenehme Erfahrungen einfach als solche wahrnehmen und es dabei belassen. Vielmehr taucht in uns neben der Wahrnehmung von etwas Unerwünschtem automatisch ein Widerstand dagegen auf sowie das Bedürfnis, etwas damit anstellen zu wollen. Und was wir damit wollen, ist in der Regel, das Thema abzuschütteln, es loszuwerden, es auszumerzen, es zu beseitigen, es zu tilgen, zu lösen, zu unterdrücken, es unter Kontrolle zu bekommen, etc. Und all dies beinhaltet, dass wir Widerstand gegen das Thema haben und es nicht akzeptieren können. Solange wir jedoch gegen eine Erfahrung ankämpfen, investieren wir Aufmerksamkeit und Energie in diese, wodurch sie in unserer Wahrnehmung wächst, festgehalten wird und uns Energie kostet. Und je mehr wir an unserem Problem festhängen, desto weniger Aufmerksamkeit bleibt uns für das was wir stattdessen wollen. Dies führt in fortgeschrittenen Stadien bis hin zu einem ständigen Gedankenkreisen, bei dem das Problem praktisch unsere gesamte Aufmerksamkeit bindet und uns zunehmend erschöpft und zermürbt.

Das Gegengift besteht somit darin, den eigenen Widerstand gegen das Thema loszulassen. Denn dadurch wird unser Kopf wieder freier und die im Problem gebundene Energie steht uns wieder anderweitig zur Verfügung. Den eigenen Widerstand loszulassen heißt dabei nicht, Unangenehmes zu ignorieren, zu leugnen oder ihm gleichgültig gegenüber zu stehen. Vielmehr bedeutet es, sich bewusst zu machen, was da ist, dies wie ein Forscher zu beobachten und schließlich die Aufmerksamkeit davon abzuziehen.

Und genau dies ist der Ansatzpunkt aller Sedona Methoden, wobei man beim Holistic Releasing darüber hinaus noch die Erkenntnis nutzt, dass Emotionen, wie auch alles andere in dieser Welt, immer nur im Rahmen von Gegensatzpaaren existieren können.

Denken wir doch einmal kurz über diese Aussage nach: um ein bestimmtes Gefühl überhaupt wahrnehmen und in seiner Eigenart beschreiben zu können, muss dieses im Kontrast zu anderen Emotionen stehen und auch einen Gegenpol haben. Nehmen wir als Beispiel das Gefühl der Traurigkeit: man kann nur dann davon sprechen, traurig zu sein, wenn man das mit der Traurigkeit verbundene Erlebnis von anderen Gefühlen abgrenzen kann und insbesondere von einem, das man stattdessen gerne erleben würde und das den Gegenpol dazu bildet, wie in diesem Fall z.B. Freude.

Beim Holistic Releasing geht man nun davon aus, dass man die Traurigkeit auflösen und sich somit von ihr befreien kann, indem man sie zusammen mit ihrem Gegenteil willkommen heißt und jeglichen Widerstand dagegen aufgibt. Man begeht somit nicht mehr den Fehler, nur eine Seite der Medaille loswerden zu wollen, was unmöglich ist, sondern entweder die ganze Medaille mit ihren beiden Seiten oder eben gar nichts.

Holistic Releasing zur Beseitigung emotionaler Probleme

Betrachten wir nun aber die praktische Umsetzung dieser Ideen:

❦❦❦❦❦❦❦❦❦❦❦❦❦❦❦❦❦❦❦❦❦❦❦❦❦❦❦

Holistic Releasing: der Prozess

1. Da es beim Holistic Releasing darum geht, unerwünschte und unangenehme Gefühle loszulassen bzw. aufzulösen, besteht der erste Schritt darin, herauszufinden, welches Gefühl man auflösen möchte.

2. Dann fragt man sich nacheinander:

   a) „Könnte ich meinen Widerstand gegen Gefühl X (Gefühl benennen) jetzt für einen Moment vollständig akzeptieren und loslassen?" (Dann fühlt man kurz das Gefühl und die innere Antwort.)

   b) „Könnte ich meinen Widerstand gegen das entgegengesetzte Gefühl von X (Gefühl benennen) jetzt für einen Moment vollständig akzeptieren und loslassen?" (Dann fühlt man kurz das Gefühl und die innere Antwort)

3. Dann wechselt man immer wieder zwischen den Fragen a) und b) hin und her und fühlt die jeweilige Antwort, bis die emotionale Ladung auf beiden Seiten schwächer wird und schließlich völlig verschwindet. An diesem Punkt sind einem beide Emotionen gleichgültig.

❦❦❦❦❦❦❦❦❦❦❦❦❦❦❦❦❦❦❦❦❦❦❦❦❦❦❦

Da es bei der Sedona Methode 4 prinzipiell um das Akzeptieren, Willkommen Heißen und Loslassen von Problemen und deren Gegenpol geht, können sie die Wortwahl bei den Fragen aber auch verändern und die Fragen statt auf Gefühle auch auf körperliche Reaktionen, auf Situationen oder Personen anwenden.

Weitere mögliche Formulierungen könnten sein:

Für den Umgang mit unerwünschten Gefühlen:

a. „Könnte ich es mir jetzt kurz erlauben, mich X zu fühlen?"

b. „Könnte ich es mir jetzt kurz erlauben, mich (Gegenteil von X) zu fühlen?"

oder

a. „Könnte ich von meinem Widerstand loslassen, das Gefühl X jetzt zu haben?"

b. „Könnte ich von meinem Widerstand loslassen, das Gefühl X jetzt nicht zu haben?"

Für den Umgang mit meinen unangenehmen Reaktionen gegenüber Personen oder Situationen:

a. „Könnte ich es mir jetzt kurz erlauben, mich über X zu ärgern?"

b. „Könnte ich es mir jetzt kurz erlauben, X gegenüber entspannt zu sein?"

oder

a. „Könnte ich von meinem Widerstand jetzt loslassen, X unsympathisch / nervig zu finden?"

b. „Könnte ich von meinem Widerstand jetzt loslassen, X sympathisch / wohltuend zu finden?"

Nehmen wir ein Beispiel: angenommen man fühlt sich gestresst und will sich entspannen können:

a. Dann fragt man sich zuerst:

„Könnte ich es mir jetzt kurz erlauben, mich so richtig gestresst zu fühlen?" (Dann fühlt man kurz den Stress und die innere Antwort)

b. Dann fragt man nach dem Gegenpol:

„Könnte ich es mir jetzt kurz erlauben, mich so richtig entspannt zu fühlen?" (Dann fühlt man kurz die Entspannung und die innere Antwort)

c. Dann wechselt man immer wieder zwischen der ersten und der zweiten Frage hin und her und fühlt die jeweilige Antwort, bis die emotionale Ladung auf beiden Seiten schwächer wird und schließlich völlig verschwindet. An diesem Punkt ist einem sowohl Stress als auch Entspannung gleich.

Das Holistic Releasing funktioniert auch dann sehr gut, wenn man sich motivieren möchte, unvermeidliche aber unangenehme Aufgaben auszuführen, die man am liebsten aufzuschieben würde. Dies könnten solche Dinge wie z.B. die Steuererklärung oder ein dringend nötiger Hausputz sein. In solchen Fällen hat man nämlich in Wirklichkeit immer Widerstand gegen beide Pole: Widerstand dagegen, die Aufgabe zu erledigen und Widerstand dagegen, sie nicht zu erledigen.

So will man die Steuererklärung bzw. den Hausputz nicht machen, da das anstrengend und langweilig ist. Aber gleichzeitig will man die Steuererklärung bzw. den Hausputz durchaus machen, da man weiß dass man nicht darum herum kommt, dass beide dringend anstehen und da man danach wieder für lange Zeit Ruhe davon hat.

Die Lösung besteht wiederum darin, den Widerstand gegen beides loszulassen. Dadurch fällt es einem sofort wesentlich leichter, die unangenehme Aufgabe zu erledigen oder auch nicht.

Versuchen Sie es, es könnte Ihnen gefallen:

Wenn Sie bemerken, dass Sie etwas aufschieben, etwas nicht tun wollen aber müssen oder wenn Sie das Interesse an einer Tätigkeit verlieren, stellen Sie sich folgende zwei Fragen und wechseln Sie solange zwischen beiden hin und her, bis Sie bezüglich dieser Tätigkeit völlig entspannt sind:

a. „Kann ich meinen Widerstand dagegen, X (unerwünschte Tätigkeit benennen) zu tun, wenigstens für einen Moment in seinem ganzen Ausmaß zulassen, willkommen heißen und umarmen?" (dann fühlen sie den Widerstand bzw. das Loslassen davon und geben sich eine Antwort)

b. „Kann ich meinen Widerstand dagegen, X (unerwünschte Tätigkeit benennen) nicht zu tun, wenigstens für einen Moment in seinem ganzen Ausmaß zulassen, willkommen heißen und umarmen?" (dann fühlen sie den Widerstand bzw. das Loslassen davon und geben sich eine Antwort)

Auch am Ende eines erfolgreichen Holistic Releasing Prozesses erlebt man für eine kurze Zeit die Einheit, die hinter den gewählten Polaritäten verborgen ist. Wenn man die Analogie mit den zwei Seiten einer Medaille heranzieht, fesselt einen nach dem Prozess nicht mehr das Bild auf der einen Seite der Medaille oder die Zahl auf der anderen, sondern man sieht wieder deutlich die Münze mitsamt ihrer beiden Seiten. Diesen Moment des Perspektivenwechsels aus der Dualität in die Einheit erleben viele als energetische Veränderung, als plötzliche Neutralität, eine große innere Ausdehnung oder eine Auflösung der Wahrnehmungsgrenzen. Dabei verschwinden die beiden Pole entweder in der Wahrnehmung oder aber sie werden einem gleichgültig, so dass man plötzlich nichts mehr fühlt wo man zuvor noch Widerstand und Sehnsucht spürte. Diese energetische Veränderung ist manchmal sehr subtil und insbesondere Anfänger in dieser Technik sind sich ihrer kaum bewusst. Bei häufiger Anwendung wird die energetische Entladung jedoch immer intensiver erlebt und die Ergebnisse werden tiefgreifender und nachhaltiger.

Probieren Sie es aus! Es ist leicht und die Ergebnisse sprechen für sich.

PEAT (=Primordiale Energie Aktivierung und Transzendenz)

Kommen wir nun zum tiefen PEAT Prozess (im englischen: Deep PEAT), der interessantesten und wirkungsvollsten Methode in diesem Buch. Deep PEAT wurde 1999 von dem klinischen Psychologen und Mystiker Zivorad M. Slavinski entwickelt und hat inzwischen überall in der Welt begeisterte Anwender gefunden. Ihre Bezeichnung als Primordiale Energie Aktivierung und Transzendenz stammt daher, dass man mit dieser Methode diejenige Polarität eines Menschen ausfindig machen, integrieren und damit lösen kann, die sein grundlegendstes Lebensthema oder die Basis seines Lebensdramas darstellt.

Der Begriff primordial (= uranfänglich oder ursprünglich) bezieht sich dabei auf eben diese Polarität im Leben eines Menschen, die den Ursprung all seiner inneren Zerrissenheit bildet. Primordiale Energie Aktivierung wiederum bezieht sich auf die Tatsache, dass in dieser bedeutsamsten Polarität natürlicherweise eine große Menge emotionaler und mentaler Energie gebunden ist, die durch die Integration freigesetzt wird und dem Individuum wieder zur Verfügung steht. Der Begriff Transzendenz schließt die Methodenbezeichnung ab, da man sich im Moment der Integration jenseits der Polaritäten befindet und diese somit transzendiert.

Genau genommen handelt es sich beim tiefen PEAT Prozess zwar nicht um eine reine Polaritäten-Integrations-Technik, da Deep PEAT auch andere Elemente beinhaltet und auch ohne den Part der Polaritäten-Integration erfolgreich ausgeführt werden kann. In seiner vollständigen Version ist der tiefe PEAT Prozess jedoch die gegenwärtig mächtigste Waffe im Kampf gegen die negativen Begleiterscheinungen der Dualität.

Deep PEAT ist eine von derzeit 5 existierenden PEAT-Varianten. Diese sind: Basis PEAT, Deep PEAT, DP-2 (=Deep PEAT Level 2), DP-3 (=Deep PEAT Level 3) und DP-4 (=Deep PEAT Level 4).

Der Basis PEAT Prozess ähnelt dabei sehr den Meridian- oder Klopftechniken der energetischen Psychologie und man kann mit seiner Hilfe durch eine Kombination von tiefer Atmung, Berührung verschiedener Akkupunkte und Akzeptanzübungen leichte bis mittelgradig belastende emotionale Probleme in kurzer Zeit entladen.

Der Deep PEAT Prozess ist der komplexeste und aufwendigste unter den PEAT Techniken und beginnt ähnlich wie Basis PEAT damit, dass der Anwender zunächst mit Hilfe einer Kombination von tiefer Atmung, Berührung verschiedener Akkupunkte und Akzeptanzübungen in immer tiefer liegende Schichten des gewählten Problems bis hin zu dessen Ursprung geführt wird. Dann identifiziert man die beiden Pole dieses Problem-Ursprungs, die zusammen die Ursprungs-Polarität des Menschen bilden und integriert diese. Da dieser Ursprungs-Polarität eine besondere Bedeutung und ein herausragendes Gewicht für das Leben eines Menschen zukommt, ist die Wirkung ihrer Integration oft entsprechend intensiv und hat nicht selten Lebensverändernde Konsequenzen. Zum einen erlebt man dabei den tiefsten nicht-dualen Zustand, für den man zum Zeitpunkt der Integration bereit ist und zum anderen verschwindet das Problem, das mit der Ursprungs-Polarität verbunden war, bei den meisten Anwendern für immer.

DP-2 Ist die Abkürzung für Deep PEAT Level 2. Mit DP-2 lassen sich emotionale Probleme in kurzer Zeit entladen, indem man zwischen emotionalen und kognitiven Inhalten in einer akzeptierenden Haltung hin und her wechselt. DP-2 ist besonders wirksam bei Menschen, die zum Intellektualisieren neigen und Schwierigkeiten haben zu fühlen.

DP-3 (=Deep PEAT Level 3) ist eine Methode der Polaritäten-Integration, die auch tiefe Atmung und Akzeptanzübungen enthält. DP-3 wirkt weniger tief als Deep PEAT, ist dagegen einfacher und in der Ausführung kürzer. Mit Hilfe von DP-3 kann man sowohl emotionale Probleme in kurzer Zeit entladen als auch beliebige Polaritäten integrieren. DP-3 wird inzwischen nur noch von sehr wenigen Personen benutzt, da es vor einigen Jahren von DP-4 abgelöst wurde, das für die gleichen Themen eingesetzt werden kann wie DP-3 und dabei weniger Zeit benötigt und oft sogar stabilere Ergebnisse erzielt.

DP-4 (= Deep PEAT Level 4) ist eine schnellere Variante von DP-3 und hat DP-3 praktisch völlig abgelöst und ersetzt. Gegenüber DP-3 wurden einige kleine aber wirkungsvolle Elemente verändert.

Das Ergebnis ist, dass man mit DP-4 emotionale und mentale Probleme in manchmal nur 15 Minuten permanent beseitigen kann. Darüber hinaus ist es mit DP-4 auch mit der gleichen Geschwindigkeit möglich, spezifisch formulierte Polaritäten zu integrieren und erwünschte Eigenschaften in die eigene Persönlichkeit zu integrieren.

Aber kehren wir zurück zum tiefen PEAT Prozess, den viele Anwender sowohl wegen seiner therapeutischen als auch spirituellen Wirksamkeit als Quantensprung in diesen Bereichen bezeichnen. Selbst Leute wie Tony Robbins, der zu den erfolgreichsten Motivationstrainern und Mental Coaches der Welt zählt, gehören zu den derzeitigen Fans von Deep PEAT.

Dies ist auch kaum verwunderlich, denn abgesehen davon, dass man mit Deep PEAT (oft auch schwere) emotionale und psychische Probleme in manchmal weniger als einer halben Stunde auflösen kann, ist Deep PEAT einer der ganz wenigen öffentlich zugänglichen Prozesse, mit deren Hilfe man die Ursprungs-Polarität eines Menschen ausfindig machen und integrieren kann. Diese Ursprungspolarität stellt zugleich sein ursprünglichstes und somit tiefstes und grundsätzlichstes Problem dar. Andere derzeit verbreitete Bezeichnungen dieser Ursprungs-Polarität, die man im Internet finden kann, sind „persönlicher Code", „primärer Code", „uranfängliche Polarität" oder „Primes".

Was hat es mit dieser Ursprungs-Polarität auf sich? Das Wort Ursprung deutet darauf hin, dass irgendetwas Ungeteiltes oder Vollständiges einen ersten Sprung, einen Ur-Sprung erhält und sich dabei in zwei polare, einander ergänzende Gegenstücke aufteilt. Als Beispiel dafür stellen sie sich einfach einen Teller vor, der in der Mitte durchgebrochen wird. Dann zeigt die sichtbare Bruchstelle zwischen den beiden Teller-Hälften den räumlichen Ur-Sprung an und der Moment des Zerbrechens bildet den zeitlichen Ur-Sprung. Wie bei den zwei Teilen dieses Tellers hat nun alles in unserem Universum einen Ursprung, was bedeutet, dass es aus einer Einheit oder aus etwas Ungeteiltem in die Existenz kam und dabei eine von allem anderen unterscheidbare Form erlangte. Dabei ist die jeweils entstehende Form direkt von ihrem jeweiligen Ursprung abhängig. In unserem Beispiel hängt die Form der zwei Teller-Scherben z.b. direkt davon ab, wie der zuvor noch ungeteilte Teller zerbrach. Ist die Bruchkante z.b. scharfkantig oder stumpf, ist die Bruchstelle gerade oder zickzack, sind beide Teile etwa gleich groß oder nicht?

Ähnlich wie in diesem Beispiel gibt es in spirituellen und okkulten Kreisen schon seit vielen Jahrhunderten die Hypothese bzw. Behauptung, dass auch unser Schicksal davon abhängt, welcher Ursprung bzw. welche Polarität unser Leben bestimmt. Wie man diese Ursprungs-Polarität herausfindet und die mit ihr verbundenen Probleme lösen kann, wurde dabei als Geheimwissen behandelt, das nur innerhalb von Meister-Schüler Beziehungen oder innerhalb spiritueller Gruppen weiter gegeben wurde. Das besondere an der Ursprungs-Polarität ist dabei, dass ihre beiden Pole das jeweils grundsätzlichste Paar unter den Anziehungs-Vermeidungs-Themen im eigenen Leben darstellen und eine zwingende Kraft auf uns ausüben. Dabei gibt es aber wie bei dem Beispiel mit dem zerbrochenen Teller keine Seite, die wir ausschließlich als positiv oder negativ wahrnehmen. Vielmehr ähnelt die Dynamik dabei dem Prinzip des Wechselstroms, bei dem jeder Pol abwechselnd positiv und negativ gepolt ist. So fühlt man sich z.B. zu einem bestimmten Zeitpunkt im Leben von dem einen Pol der Ursprungs-Polarität wie magisch angezogen und tut alles, um ihn zu erreichen. Doch wenn man sich ihm bis zu einem gewissen Punkt genähert hat, wechselt die Anziehung und man fühlt sich plötzlich mit gleicher Kraft zum Gegenpol hingezogen. Da dieser Prozess unbewusst und zwanghaft stattfindet, wundert es nicht, dass er zu allerlei Problemen und Lebensdramen führen kann. Und genau diese Probleme und dieses

Grundlebensdrama sollen durch die Integration der Ursprungs-Polarität bewusst gemacht, entschärft und sogar aufgelöst werden.

Was aber kann man sich unter solch einer Ursprungs-Polarität praktisch vorstellen? Die Antwort ist: ein beliebiges Gegensatzpaar, wie in der Liste von Hui Neng beschrieben. Typische Beispiele lauten:

Liebe versus Angst

Liebe versus Freiheit

Kreativität versus Zerstörung

Frieden versus Wut

Vertrauen versus Traurigkeit

Geborgenheit versus Schutzlosigkeit

Weite versus Enge

Kraft versus Nichts

Ich versus andere

Stärke versus Schwäche

Ruhe versus Rastlosigkeit

Seligkeit versus Einsamkeit

Freiheit versus Verantwortung

Etc.

Nehmen wir zur Veranschaulichung ein konkretes Beispiel aus meiner Praxis, nämlich einen Mann mit der Ursprungs-Polarität „Seligkeit versus Einsamkeit". Dieser Mann beschrieb, dass er sich Zeit seines Lebens immer als Fremder unter seinen Mitmenschen gefühlt hatte und auch in Gesellschaft anderer irgendwie immer einsam war. Schon früh in seinen Teenagerjahren habe er einen starken religiösen Drang in sich verspürt und die Biographien von Yogis, Mystikern und Heiligen verschlungen, deren Erfahrungen von Frieden, Seligkeit und Erleuchtungszuständen ihn zutiefst fasziniert hätten. Meist sei er als Einzelgänger unterwegs gewesen und am liebsten habe er seine Zeit mit Büchern verbracht. Nach Beendigung seiner Schulkarriere sei er in ein Kloster eingetreten, wo er sich als Novize besonders von den asketischen Aspekten der Religion angezogen gefühlt habe. In der Folge habe er täglich viele Stunden mit kontemplativen Praktiken verbracht, die Gesellschaft anderer gemieden, sich immer mehr zurück gezogen und teilweise über Wochen mit niemandem gesprochen. Irgendwann jedoch habe er sich so einsam gefühlt, dass die Sehnsucht nach einer Beziehung immer stärker und schließlich überwältigend geworden sei. So habe er das Klosterleben wieder aufgegeben und den Kontakt zu Frauen gesucht, wobei das Gefühl der inneren Isolation nie ganz verschwunden sei. Nach der Entdeckung und Integration seiner Ursprungs-Polarität erkannte er seinen Rückzug ins Kloster als Versuch, beide Pole, nämlich sowohl seine Suche nach Seligkeit als auch nach Einsamkeit unter einen Hut zu kriegen, was ihm jedoch nie ganz gelungen war. Bei einer Begegnung mehrere Jahre nach der Primes-Integration erzählte er mir, dass seine Sehnsucht nach Seligkeit seit unserer Sitzung wesentlich weniger zwingend geworden sei und seine Sehnsucht nach Zurückgezogenheit sowie das Gefühl grundsätzlicher Einsamkeit völlig verschwunden und nie wieder zurückgekehrt seien. Weder habe er seither den Drang in die Einsamkeit noch fürchte er sie. Vielmehr erlebe er ein grundsätzliches Gefühl der Verbundenheit mit anderen.

Deep PEAT und die Beseitigung von Problemen:

Und genau dies ist das erwartete Resultat einer Primes-Integration: Zum einen wird einem meist sofort klar, welches Lebensspiel man bisher zwanghaft und in vielerlei Variationen gespielt hat und wie man seit seiner Geburt immer wieder unbewusst von einem Pol zum anderen hin und her wechselte. Zum anderen wird man durch die Integration der Primes von den eigenen tiefsten Zwängen befreit. Man kann die gleichen Spiele zwar immer noch spielen, hat aber nun die Freiheit zu wählen, ob man das möchte. Darüber hinaus lassen sich neue und alte Probleme schneller lösen und man erkennt schneller, in welchen Teufelskreisen man sich befindet. Während die Integration der Primes zwar nicht alle Probleme löst, die man hat, so löst sie doch das individuell Tiefgreifendste. Da aber auch sehr viele andere Probleme auf der Wirkung von Polaritäten beruhen, kann man diese im Weiteren mit geringem Aufwand ebenfalls mit PEAT oder anderen Methoden lösen.

Zivorad M. Slavinski vergleicht die Wirkung der Primes-Integration gerne mit einem Buch, dessen Bindung aufgebrochen wird:

Stellen sie sich kurz vor, die Episoden, Erlebnisse und Dramen ihres Lebens wären der Inhalt eines dicken Buchs, nämlich ihres Lebensbuchs. Dann würden die Primes bzw. die Ursprungs-Polarität den Einband dieses Buches bilden und als dessen Titel das grundsätzlichste Lebensthema andeuten, das sich in 1000 Variationen in den einzelnen Kapiteln ihres Lebensbuchs dramatisiert. Die Integration der Primes wäre dann damit zu vergleichen, dass sie den Einband des Buches aufbrechen, so dass sich die gesamte Bindung und damit alle Seiten ihres Lebensbuchs zu lockern beginnen. In der Folge wäre es ein Leichtes, die einzelnen Seiten herauszureißen. Denn nach der Primes-Integration zeigen alle spirituellen und therapeutischen Bemühungen eine spürbar größere Wirkung und führen auch deutlich schneller zum gewünschten Ergebnis als zuvor.

Eine Deep PEAT Sitzung zur Primes-Integration dauert in der Regel 60 bis 90 Minuten, wobei etwa eine halbe Stunde davon auf die Vorbereitung und Nacharbeitung fallen. Da die Primes-Integration etwas Erfahrung in der Anwendung von Deep PEAT verlangt und man sie auch nicht bei sich selbst durchführen kann, braucht man dafür immer ein Gegenüber, das in der Durchführung der Methode geschult ist.

Betrachten wir nun noch einmal kurz ein paar Beispiele aus der Liste der oben angeführten Primes, um zu überlegen, welche Konsequenzen diese der betroffenen Person bescheren und welchen Gewinn ihnen eine Integration somit bringen würde.

Liebe versus Angst: Personen mit diesen Primes gibt es in verschiedenen Varianten. Entweder sie haben Angst vor der Liebe, nach der sie sich aber sehnen, oder sie binden sich an Partner, bei denen sie Angst haben müssen (z.B. weil sie von ihnen betrogen, verlassen oder verprügelt werden).

Liebe versus Freiheit: Personen mit diesen Primes verlieben sich immer wieder und sehnen sich nach Partnerschaften, nur um dann ihre Freiheit zurück zu wollen und die Beziehung wieder zu zerstören.

Kreativität versus Zerstörung: Personen mit diesen Primes neigen dazu, ständig neue Projekte zu starten, nur um diese dann plötzlich und ohne Vorwarnung wieder zu zerstören oder zu beenden.

Weite versus Enge ist typisch für Personen mit einem ausgeprägten Nähe-Distanz-Problem. Mal suchen sie viel Nähe und sobald sie sie erhalten, suchen sie das weite, da sie die Nähe nicht aushalten. Also bevorzugen sie Partner, die emotional oder auch real schwer erreichbar sind, oder sie leben in permanenter Sehnsucht und Hoffnung auf eine erfüllende Partnerschaft, ohne dass sich dieser Traum je erfüllt.

Geborgenheit versus Schutzlosigkeit: Personen mit diesen Primes neigen dazu, sich Partnern auszuliefern und genau dort Geborgenheit zu erhoffen, wo es gefährlich für sie wird. Dort wo echte Geborgenheit möglich ist, trauen sie dem Braten nicht.

Wie sie sehen, führen die verschiedenen Ursprungs-Polaritäten zu vorhersehbaren und unerfreulichen Lebensdramen, die auch für die jeweiligen Mitmenschen dramatisch und unverständlich sein können. Dementsprechend kann der Wert einer erfolgreichen Primes-Integration nicht hoch genug eingeschätzt werden.

In Zivorad Slavinskis Buch „Rückkehr in die Einheit" wird ein Mann zitiert, dessen Primes „Kontrolle vs. Frieden" waren und der die Auswirkungen der Integration seiner Primes folgendermaßen beschrieb: „Nach der Integration meiner Primes fiel die Last des Lebens, die ich seit Jahrzehnten mit mir herumtrug, sprichwörtlich von mir ab. Ich habe seither das Gefühl, dass ich das Leben oder andere nicht mehr ständig kontrollieren muss. Und der Druck, den ich dadurch immer spürte, ist fast völlig verschwunden. Wow! Was für eine unglaubliche Erleichterung!"

Seit PEAT entdeckt wurde, konnten damit die Primes von mehreren tausend Menschen überall auf der Welt integriert werden und die dadurch ausgelösten Veränderungen waren oft tiefgreifend, anhaltend und lebensverändernd. Da es für jeden Menschen aber immer nur eine Ursprungs-Polarität geben kann, muss diese auch nur einmal integriert werden. Wer die Primes nicht integrieren will oder sie bereits integriert hat, kann den tiefen PEAT Prozess aber natürlich auch unabhängig davon verwenden. In diesem Fall nimmt man ein beliebiges subjektives Problem und wendet den Prozess darauf an. In der Regel ist das Problem dann innerhalb von 20 bis 90 Minuten beseitigt, je nach Schwere des Problems und je nachdem, ob auch andere Personen an diesem Problem beteiligt sind.

Bei komplexen Problemen wie Süchten oder Persönlichkeitsstörungen bedarf es natürlich weit mehr als nur einer Sitzung.

Deep PEAT und Spiritualität

In seinem Buch „Peak States of Consciousness" (Gipfelerlebnisse des Bewusstseins) schreibt Grant McFetridge: „Obwohl sehr viele Menschen nach Mitteln und Wegen Ausschau gehalten haben, wie man ohne problematische Nebenwirkungen sogenannte „Gipfelerfahrungen" erlangen kann, gibt es bis heute nur sehr wenige effektive Methoden, die auch schnell wirksam sind. Im Gegensatz zu anderen Prozessen, die Gipfelerfahrungen induzieren, zeitigt der PEAT Prozess nicht nur schnelle, elegante und radikale Ergebnisse, sondern wirkt auch bei den meisten Menschen, die ihn anwenden."

Dieses Zitat unterstreicht zwar bereits die außergewöhnliche Kapazität des tiefen PEAT Prozesses, doch möchte ich McFetridges Aussage noch einige Worte hinzufügen. Denn obgleich alle in diesem Buch beschriebenen Polaritäten-Integrations-Methoden das Potenzial haben, dem Anwender eine nicht-duale Einheitserfahrung zu ermöglichen, ist die bei der Primes-Integration Erlebte am tiefsten.

Wie ich im Kapitel über Polaritäten-Integration und Spiritualität bereits erwähnt habe, macht man am Ende jeder erfolgreichen Polaritäten-Integration eine Erfahrung jenseits der Polaritäten. Diese Erfahrungen können jedoch unterschiedlich tief sein. Die Oberflächlichsten unter ihnen sind dabei die sogenannten Core Zustände, Pleroma Zustände oder Ursprungs-Zustände, wie sie auch von anderen psycho-spirituellen Methoden wie dem Core-Transformation-Prozess von Connirae Andreas oder der Creation Handling Procedure von Harry Palmer ermöglicht werden. In einem solchen Core- oder Pleroma Zustand erlebt man eine positive Emotion ohne jegliche Ablenkungen und innere Einwände oder Zweifel. So fühlt man z.B. vollständigen Frieden ohne Wenn und Aber, grenzenlose Liebe, ein Ruhen im Sein, ein absolutes Okay-Sein oder Eins Sein mit allem. Wenn man sich in diesen Zuständen befindet, erlebt man sie in der Regel als äußerst angenehm, wobei das eigene Wahrnehmungsfeld noch eine sehr subtile Ausrichtung oder Perspektive aufweist. Beides deutet darauf hin, dass es noch potenzielle Gegenpole dazu gibt. Zu unendlich positivem Frieden gibt es z.B. den Gegenpol des unendlich negativen Unfriedens, oder zum absoluten Okay-Sein den Gegenpol des absoluten Nicht-Okay-Seins. Da es in diesen Zuständen allerdings keinerlei Ablenkung und Einspruch gibt, ist man sich dieser Tatsache nicht bewusst und man erlebt sie als unwichtig.

Eine Stufe darüber verschwinden jedoch auch die positiven Färbungen der jeweiligen Erfahrung sowie deren subtile Ausrichtung. Diese Stufe stellt in der spirituellen Literatur des Yoga und des Buddhismus bereits die niedrigste Stufe der Erleuchtung oder Erweckung dar. Im Yoga ist dies das Savitarka-Samadhi und im Zen-Buddhismus ein sogenanntes Kensho.

In diesem Zustand erlebt man alles als vollständige Einheit, obgleich die Sinne noch im Stande sind, Informationen über die Welt zu vermitteln. Dies klingt zwar unmöglich und absurd, ist es aber nicht, wenn man es erlebt.

Und nun das wirklich Erstaunliche: Genau wie Grant McFetridge behauptet hat, kann fast jeder, der in der Lage ist, die Schritte des tiefen PEAT Prozesses umzusetzen, mit seiner Hilfe mindestens einen Core- oder Pleroma Zustand erleben. Aber je nach spiritueller Vorerfahrung oder spiritueller Veranlagung ermöglicht er einigen anderen darüber hinaus sogar für eine kurze Zeit die Erfahrungen eines Savitarka-Samadhi bzw. Kenshos und gewährt ihnen somit Eintritt in jenen Bereich der Wirklichkeit, der auch unter solchen Begriffen wie Quantenvakuum, Tao, Leere, Sunyata etc. bekannt ist. Und dies ist vielleicht mit keiner anderen derzeit verfügbaren Methode in so unglaublich kurzer Zeit möglich!

DP-4 und die Beseitigung von Problemen

Gehen wir nun aber weiter zu DP-4 oder Deep PEAT Level 4. Wie ich oben bereits erwähnt habe, ist DP-4 eine einfache Polaritäten-Integrations-Technik, deren Vorteil in ihrer schnellen und vielseitigen Anwendbarkeit liegt. Ein DP-4 Prozess dauert oft nur 10 bis 15 Minuten und führt bei richtiger Anwendung bei fast jedem zur Polaritäten-Integration. Mit DP-4 lassen sich emotionale und mentale Probleme also in Rekordgeschwindigkeit zum Teil permanent beseitigen. Darüber hinaus ist es mit DP-4 auch mit der gleichen Geschwindigkeit möglich, spezifisch formulierte Polaritäten zu integrieren und erwünschte Eigenschaften in die eigene Persönlichkeit zu integrieren. Bei komplexen Problemen kann ein DP-4 Prozess allerdings auch länger dauern und ist hier auch nicht unbedingt die Methode der Wahl.

Die Nachteile von DP-4 bestehen darin, dass man durch seine Anwendung keine therapeutisch verwertbaren Informationen zum Problem erhält, wie z.B. beim Basis PPI oder bei „Ivana Ende der Worte". Zudem ist es mit DP-4 nicht möglich, die eigenen Primes zu finden, so dass man sie auch nicht mit dieser Methode integrieren kann.

Darüber hinaus kann man mit DP-4 nur spezifische Polaritäten integrieren, wie z.b. „in der Beziehung zu meinem Chef kann ich nicht widersprechen" versus „in der Beziehung zu meinem Chef kann ich sehr wohl widersprechen". Bei allgemeinen oder philosophischen Polaritäten wie z.b. „zustimmen" versus „widersprechen" oder „ja sagen" versus „nein sagen" sind der Basis PPI, Holistic Releasing und der FPP wesentlich besser geeignet.

Abgesehen davon ist DP-4 die Methode der Wahl, wenn es um das Thema der Schatten-Integration geht, über die ich im Kapitel Polaritäten Integration und Therapie bereits ausführlicher geschrieben habe.

Was DP-4 jedoch einzigartig macht, ist, dass man mit seiner Hilfe spezifische Eigenschaften in die eigene Persönlichkeit integrieren kann, die dann zum Teil sogar stabil abrufbar sind. Benötigt man für ein Vorstellungsgespräch z.B. mehr Mut und Selbstsicherheit, dann kann man sich diese nach Bearbeitung der darunter liegenden Angst mit DP-4 leicht aneignen.

DP-4 und Spiritualität

Die Einheitserfahrung, die man durch einen DP-4 Prozess erfährt, ist wesentlich schwächer als beim tiefen PEAT-Prozess, beim Basis PPI oder beim Holistic Releasing. Dafür hat DP-4 andere Vorteile für spirituelle Sucher.

Da man mit DP-4 nämlich spezifische Eigenschaften in die eigene Persönlichkeit integrieren kann, ist diese Technik auch für die Integration archetypischer Bilder in die eigene Persönlichkeit geeignet. Für diesen Anwendungsbereich gibt es viele Möglichkeiten. So kann man z.B. die Symbole des Tarot, des I Ging oder die astrologischen Symbole und Aspekte integrieren, so dass man sich diesen gegenüber in Harmonie befindet und entspannt mit ihnen umgehen kann.

Darüber hinaus gibt es noch weitere Anwendungsmöglichkeiten für DP-4 im spirituellen Bereich, die zum Teil ausgebildeten PEAT Trainern vorbehalten sind, da sie zu unerwünschten Nebenwirkungen führen können. Wer noch weitere Informationen über PEAT haben möchte, sei deshalb auf die Literatur von Zivorad M. Slavinski verwiesen, sowie auf Workshops, in denen DP-4 vermittelt wird.

Der Universal Prozess (UP) bzw. der Fundamentale Polaritäten Prozess (FPP)

Hinter den beiden Bezeichnungen Universal Prozess und Fundamentaler Polaritäten Prozess verbirgt sich ein und dieselbe Methode. Ihr Entwickler Zivorad M. Slavinski bezeichnet sie jedoch als Universal Prozess, wenn man sie für die Beseitigung emotionaler und mentaler Probleme heranzieht und als Fundamentalen Polaritäten Prozess, wenn man mit ihrer Hilfe abstrakte oder philosophische Themen integriert.

Die Technik, die ich in diesem Kapitel in Absprache mit ihrem Entwickler nicht publizieren werde, ist im Wesentlichen eine Weiterentwicklung des Basis Prozesses der Polaritäten Integration (Basis PPI), wie ich ihn in einem früheren Kapitel beschrieben habe.

Die Unterschiede zwischen diesen beiden Techniken sind gering. Der Vorteil des Basis PPI liegt darin, dass man im Rahmen seiner Anwendung mehr Informationen darüber erhält, welche Glaubenssätze, Gedanken und Gefühle man in Bezug auf die gewählten Pole hat. Dies kann durchaus interessant sein und therapeutisch verwertbares Material hervorbringen.

Der Vorteil des UP alias FPP liegt dagegen in seiner Geschwindigkeit. Je nach Anwender und emotionaler Betroffenheit kann man mit ihm in nur 5 bis 25 Minuten jedes erdenkliche Gegensatzpaar integrieren, während ein Basis PPI dafür zwischen 10 Minuten und 1 Stunde benötigt.

Ansonsten gibt es aber keine mir ersichtlichen Unterschiede in der Wirkung beider Methoden.

Was den fundamentalen Polaritäten Prozess jedoch ausgesprochen wertvoll macht ist, dass er außer dem Basis PPI derzeit die vielleicht einzige Methode ist, mit deren Hilfe man sehr allgemeine, philosophische und abstrakte Themen in nur einer Sitzung bereits soweit integrieren kann, dass längerfristig spürbare Veränderungen möglich sind.

Bei der therapeutischen Variante (= Universal Prozess) sind die gewählten Pole auf ein konkretes Problem bezogen und demnach enger umschrieben. Hier könnte eine gewählte Polarität z.b. folgendermaßen lauten: „Angst davor, bei einem öffentlichen Vortrag einen Blackout zu haben" versus „Zuversicht, einen öffentlichen Auftritt souverän halten zu können". Oder: „Ich fürchte das Alleinsein" versus „ich genieße das Alleinsein"

Bei der spirituellen Variante (= Fundamentaler Polaritäten Prozess) wählt man eine beliebige philosophische oder abstrakte Polarität aus, wobei diese auch sehr allgemein sein kann. Geeignete Polaritäten könnten hier z.B. lauten „Friede" versus „Hass" oder „Freiheit" versus „Unfreiheit".

„Der Haken ist in deinem Verstand,

der darauf besteht,

dort Dualität zu sehen,

wo keine ist."

(Nisargadatta Maharaj)

Schlusswort

Als ich zum ersten Mal mit Polaritäten-Integrations-Methoden in Berührung kam, hatte ich bereits eine 20 jährige Meditationspraxis hinter mir, in deren Verlauf ich zahlreiche wunderbare Bewusstseinszustände erlebt hatte, sowie Phasen außergewöhnlicher Präsenz. Rückblickend hätte ich mir niemals träumen lassen, welch enormen Schub meine spirituelle Entwicklung durch PEAT und die anderen in diesem Buch genannten Methoden erfahren würde.

Inzwischen habe ich tausende dieser Prozesse an mir selbst und anderen durchgeführt und kann mit Gewissheit sagen, dass sich mein Daseinsgefühl dadurch allmählich aber deutlich verändert hat.

Ich kann mich z.b. noch an (zum Glück längst vergangene) Zeiten erinnern, während denen meine Aufmerksam fast durchgehend in unangenehmen und unfreiwilligen Gedankenkreisen festhing. Im letzten Jahr dagegen erlebte ich nur zweimal, dass sich meine Aufmerksamkeit länger als 1 Stunde gegen meinen Willen auf ein Thema fixierte und dabei eine entsprechend schlechte Stimmung auslöste. Da ich zudem fast gar nicht mehr über die Vergangenheit oder Zukunft nachgrüble, ist es mir wesentlich leichter möglich im Hier und Jetzt zu leben, als dies früher der Fall war. Meine Sinneswahrnehmung ist intensiver geworden und die Welt wirkt transparent wie ein Hologramm. Manchmal spüre ich starke Energieströme durch den Körper fließen und wenn ich die Augen schließe, nehme ich unendliche Weite wahr.

Ich fühle mich mit der Welt verbunden und in ihr auf eine Art und Weise zuhause, die ich nie für möglich gehalten hätte.

So empfinde ich tiefen Dank gegenüber all jenen, die diese Methoden entwickelt und der Öffentlichkeit zugänglich gemacht haben. Und ich hoffe, dass sich diese Techniken bald weiter verbreitet haben werden.

München im Februar 2015

Anhang: Fragebogen zur Erfassung der Wirkungen von PEAT, dessen Ergebnisse in Kapitel 2 dargestellt sind:

Fragebogen zur Erfassung der Wirkungen von PEAT

Bitte bewerte die folgenden Aussagen mit einer Zahl von 0 bis 3 auf ihren Wahrheitsgehalt.

0 bedeutet dabei: die Aussage ist für mich völlig unwahr

1 bedeutet dabei: die Aussage stimmt für mich ein wenig

2 bedeutet dabei: die Aussage stimmt für mich ziemlich

3 bedeutet dabei: die Aussage stimmt für mich sehr

Schreibe einfach die für dich richtige Zahl hinter die jeweilige Aussage im Fragebogen unten! Falls du PEAT nach dem Workshop nicht mehr regelmäßig angewendet hast, mache kurz ein Kreuz hinter der nächsten Zeile.

Ich wende PEAT nicht mehr an

Falls du PEAT noch anwendest, fahre bitte mit den folgenden Fragen fort:

Wie viele Prozesse hast du bereits mit PEAT oder PEAT-verwandten Methoden bei dir selbst durchgeführt? Bitte mache hinter die Zahl, die für dich stimmt, ein X.

Bis 100:

100 bis 500:

500 bis 1000:

Mehr als 1000:

1. Ich konnte mit den PEAT-Methoden verschiedene Themen, die mich punktuell belastet haben, lindern oder sogar völlig beseitigen

2. Ich konnte mit den PEAT-Methoden verschiedene Themen, die mich chronisch über lange Zeit belastet haben, lindern oder gar völlig beseitigen

3. Dank der Kenntnis von PEAT etc. hat sich meine Angst vor bzw. mein Widerstand gegen Problemsituationen reduziert

4. Ich weiß nun was ich tun kann, um mich wieder besser zu fühlen

5. Meine Neigung, mir über irgendetwas Sorgen zu machen sowie die Häufigkeit von Gedankenkreisen ließen seit Beginn meiner PEAT-Praxis nach, so dass mein allgemeiner Stresspegel gesunken ist

6. Ich kann Probleme, die in der Zukunft eventuell auf mich zukommen, nun leichter als notwendigen Bestandteil des Lebens akzeptieren

7. Ich habe phasenweise kaum noch drängende Probleme in meinem Leben (früher war das anders)

8. Ich fühle mich ausgeglichener und mein Leben fühlt sich leichter an

9. Ich zeige seltener extremes oder einseitiges Verhalten, habe weniger stark polarisierte Urteile, Gedanken und Gefühle

10. Meine Fähigkeit, mich in andere hineinzuversetzen und die Welt aus deren Perspektive zu sehen, hat zugenommen

11. Meine Wahrnehmungsfähigkeit in Bezug auf innere Prozesse, Gefühle und Körperempfindungen hat zugenommen

12. Ich bemerke im Alltag plötzlich auch das Positive im Negativen und das Negative im Positiven

13. Es fällt mir zunehmend schwer, Schwarz-Weiß-Urteile zu fällen.

14. Wenn ich mich über andere ärgere, wird mir schneller bewusst, dass ich selbst in meinem Leben ebenfalls schon einmal ähnliches Verhalten gezeigt habe bzw. ähnliche Persönlichkeitsanteile in mir trage, auch wenn ich sie vielleicht nicht zum Ausdruck bringe.
15. Ich fühle tendenziell eine zunehmende Verbundenheit mit der Welt und meinen Mitmenschen.
16. Ich habe das Gefühl, meine Wahrnehmung des Lebens und ich selbst habe mich spürbar zum Besseren verändert.

Vielen Dank für die Beantwortung des Fragebogens.

Im Frühjahr 2016 verschickte ich an ca. 35 Personen, von denen ich annahm oder wusste, dass sie PEAT als Selbsthilfemethode anwenden, obigen Fragebogen. 24 Personen sendeten mir den Fragebogen ausgefüllt zurück, wobei 22 ausgewertet werden konnten und zwei nicht, da die Aussagen in den letzteren beiden mit längeren schriftlichen Erklärungen beantwortet wurden und nicht mit den vorgegebenen Punkte-Ratings.

Die Teilnehmer und Teilnehmerinnen waren zwischen 21 und 65 Jahren alt, 8 davon waren Männer, 14 waren Frauen. 8 davon gaben an, unter 100 PEAT Prozesse bei sich selbst angewendet zu haben, 10 zwischen 100 und 500 und 4 über 500. In der Folge werde ich diese drei Gruppen als Anfänger, Fortgeschrittene und Intensivanwender bezeichnen.

Die Ergebnisse lauteten folgendermaßen:

Insgesamt erreichte die Zustimmung der TeilnehmerInnen zu allen Aussagen des Fragebogens bei einem möglichen Antwortspektrum von 0 bis 3 Punkten im Durchschnitt 2,34 Punkte, was bedeutet, dass alle Aussagen durchschnittlich zwischen „diese Aussage stimmt für mich ziemlich" und

„diese Aussage stimmt für mich sehr" bewertet wurden, was aus meiner Sicht einen unerwartet hohen Wert darstellt.

Wenn man die Stichprobe nach Zahl der durchgeführten Prozesse gruppiert, ergaben sich folgende Durchschnittswerte. Bei den…

- Anfängern: 2,36 Punkte
- Fortgeschrittenen: 2,14 Punkte
- Intensivanwendern: 2,73 Punkte

Dies sind sehr hohe Werte für alle Gruppen, wobei auffällt, dass die Anfänger im Durchschnitt etwas höhere Werte vergaben als die Fortgeschrittenen. Dies lässt sich durch den Enthusiasmus vieler Anfänger erklären, die von dem schnellen Erfolg bei der Bearbeitung ihrer Problemthemen begeistert sind, während die meisten Fortgeschrittenen bald die Erfahrung machen, dass sie nicht all ihre Probleme durch PEAT beseitigen können. Extrem hohe Werte vergeben die Intensivanwender, was zeigt, dass bei beharrlicher Anwendung früher oder später auch hartnäckige Probleme ihre Kraft verlieren oder gar völlig verschwinden.

Was die Streuung der Bewertungen bei den Einzelpersonen betrifft, so gab es

- 2 Personen, die alle Aussagen im Durschnitt mit 1 bis 1,49 Punkte bestätigten,
- 3 Personen, die auf 1,5 bis 1,99 Punkte kamen,
- 5 Personen, die auf 2,0 bis 2,49 Punkte kamen,
- 8 Personen, die auf 2,5 bis 2,99 Punkte kamen und
- 4 Personen, die auf volle 3 Punkte kamen.

Somit konnten 5 Personen bzw. 22% der TeilnehmerInnen den Aussagen des Fragebogens nur zum Teil bis ziemlich zustimmen, während ebenso viele TeilnehmerInnen den Aussagen des Fragebogens vollständig zustimmen konnten, was auf eine tiefgreifende Veränderung ihres Erlebens hinweist.

Betrachtet man die Durchschnittswerte für die einzelnen Aussagen des Fragebogens, ergaben sich folgende Resultate:

1. Insgesamt:

Die höchste Zustimmung erhielten insgesamt folgende Aussagen:

- Ich konnte mit den PEAT-Methoden verschiedene Themen, die mich punktuell belastet haben, lindern oder sogar völlig beseitigen. (Mittelwert 2,7)
- Ich weiß nun was ich tun kann, um mich wieder besser zu fühlen. (Mittelwert 2,6)
- Dank der Kenntnis von PEAT etc. hat sich meine Angst vor bzw. mein Widerstand gegen Problemsituationen reduziert. (Mittelwert 2,6)

Die geringste Zustimmung erhielten insgesamt folgende Aussagen:

- Ich fühle tendenziell eine zunehmende Verbundenheit mit der Welt und meinen Mitmenschen. (Mittelwert 2,1)
- Meine Neigung, mir über irgendetwas Sorgen zu machen sowie die Häufigkeit von Gedankenkreisen ließen seit Beginn meiner PEAT-Praxis nach, so dass mein allgemeiner Stresspegel gesunken ist. (Mittelwert 2,1).

2. Die Ergebnisse bei den Anfängern:

Die größte Zustimmung fanden bei den Anfängern die Aussagen:

- Ich konnte mit den PEAT-Methoden verschiedene Themen, die mich punktuell belastet haben, lindern oder sogar völlig beseitigen.
- Dank der Kenntnis von PEAT etc. hat sich meine Angst vor bzw. mein Widerstand gegen Problemsituationen reduziert.

Beide Aussagen erlangten bei den Anfängern eine durchschnittliche Zustimmung von 2,9 Punkten, was bedeutet, dass sie von fast allen mit „diese Aussage stimmt für mich sehr" bewertetet wurden. Dies zeigt sehr schön, dass die TeilnehmerInnen dieser Umfrage schon nach wenigen Anwendungen von PEAT einige ihrer Probleme soweit entschärfen konnten, dass ihre Zuversicht stieg, nun auch für die Bearbeitung zukünftiger Probleme besser gerüstet zu sein. Konsequenterweise sank dadurch die Angst vor den Problemen des Alltags.

Die Anfänger stimmten am wenigsten folgenden 3 Aussagen zu, wobei sie alle im Durschnitt mit jeweils 2,0 Punkten bewertet wurden, was bedeutet: die Aussage stimmt für mich ziemlich.

- Meine Neigung, mir über irgendetwas Sorgen zu machen sowie die Häufigkeit von Gedankenkreisen ließen seit Beginn meiner PEAT-Praxis nach, so dass mein allgemeiner Stresspegel gesunken ist.
- Meine Fähigkeit, mich in andere hineinzuversetzen und die Welt aus deren Perspektive zu sehen, hat zugenommen.
- Ich habe phasenweise kaum noch drängende Probleme in meinem Leben (früher war das anders).

Die Tatsache, dass Anfänger diesen 3 Fragen zwar ziemlich zustimmten aber nicht sehr, zeigt, dass es für eine Ausdehnung der positiven Resultate auf das gesamte Leben noch mehr Erfahrung und Anwendungen braucht, sowie eine Integration in den Alltag, wie im Kapitel „Die Praxis der Polaritäten-Integration" beschrieben.

3. Die Ergebnisse bei den Fortgeschrittenen:

Die größte Zustimmung fanden bei den Fortgeschrittenen die Aussagen:

- Ich konnte mit den PEAT-Methoden verschiedene Themen, die mich punktuell belastet haben, lindern oder sogar völlig beseitigen. (Mittelwert 2,5)
- Ich weiß nun was ich tun kann, um mich wieder besser zu fühlen. (Mittelwert 2,4)

Für beide Aussagen erreichte die durchschnittliche Zustimmung der Fortgeschrittenen etwas niedrigere Werte als bei den Anfängern, doch stimmte ihnen noch immer fast die Hälfte der Personen mit „diese Aussage stimmt für mich sehr" zu. Der niedrigere Wert dieser Personengruppe ist vermutlich darauf zurückzuführen, dass einige von ihnen mit der Zeit ihren anfänglichen Enthusiasmus verloren, da sie in einigen Situationen die Erfahrung machen mussten, dass sich mit PEAT nicht alle Probleme beseitigen ließen. Dies spiegelt sich auch in der noch niedrigeren Bewertung bei der Frage nach der erfolgreichen Beseitigung von chronischen Problemen wieder. Gerade diese verlangen nämlich eine systematische und häufig komplexe Bearbeitung.

Die Fortgeschrittenen stimmten am wenigsten folgenden 2 Aussagen zu, wobei diese für die meisten in dieser Gruppe aber noch immer „ziemlich stimmen".

- Ich fühle tendenziell eine zunehmende Verbundenheit mit der Welt und meinen Mitmenschen. (Mittelwert 1,8)
- Ich zeige seltener extremes oder einseitiges Verhalten, habe weniger stark polarisierte Urteile, Gedanken und Gefühle. (Mittelwert 1,9)

Einige fortgeschrittene Anwender wurden offensichtlich noch immer von extremen oder einseitigen Gefühlsausbrüchen belastet und fühlten dementsprechend auch keine tiefe Verbundenheit mit der Welt.

4. Die Ergebnisse bei den Intensivanwendern:

Die größte Zustimmung fanden bei den Intensivanwendern die folgenden 6 Aussagen:

- Ich konnte mit den PEAT-Methoden verschiedene Themen, die mich punktuell belastet haben, lindern oder sogar völlig beseitigen.
- Dank der Kenntnis von PEAT etc. hat sich meine Angst vor bzw. mein Widerstand gegen Problemsituationen reduziert.
- Ich kann Probleme, die in der Zukunft eventuell auf mich zukommen, nun leichter als notwendigen Bestandteil des Lebens akzeptieren
- Meine Wahrnehmungsfähigkeit in Bezug auf innere Prozesse, Gefühle und Körperempfindungen hat zugenommen.
- Ich bemerke im Alltag plötzlich auch das Positive im Negativen und das Negative im Positiven.
- Wenn ich mich über andere ärgere, wird mir schneller bewusst, dass ich selbst in meinem Leben ebenfalls schon einmal ähnliches Verhalten gezeigt habe bzw. ähnliche Persönlichkeitsanteile in mir trage, auch wenn ich sie vielleicht nicht zum Ausdruck bringe.

Für alle 6 Aussagen erreichte die durchschnittliche Zustimmung der Intensivanwender die Höchstpunktzahl von 3 Punkten, was bedeutet, dass sie von allen Personen mit „diese Aussage stimmt für mich sehr" bewertet wurden.

Die Intensivanwender stimmten am wenigsten folgenden 2 Fragen zu, die im Durschnitt mit jeweils 2,3 Punkten bewertet wurden, was bedeutet: die Aussage stimmt für mich ziemlich.

- Meine Neigung, mir über irgendetwas Sorgen zu machen sowie die Häufigkeit von Gedankenkreisen ließen seit Beginn meiner PEAT-Praxis nach, so dass mein allgemeiner Stresspegel gesunken ist.

- Ich fühle tendenziell eine zunehmende Verbundenheit mit der Welt und meinen Mitmenschen.

Fazit: Auch wenn die beschriebene Umfrage nicht die Kriterien für eine wissenschaftliche Studie erfüllt, weisen die Ergebnisse eindrucksvoll darauf hin, dass die regelmäßige Anwendung von PEAT bei den Anwendern zu einer deutlichen Verbesserung ihrer Lebensqualität führen kann.

Literaturverzeichnis

Vorwort:

Castaneda, C. (2000). Das Wirken der Unendlichkeit. Frankfurt am Main: S. Fischer Verlag GmbH.

Kapitel Einführung:

http://www.duden.de (suchen unter: Polaritäten, polarisieren, polar, dualistisch, Dualität)

http://www.duden.de/rechtschreibung/Integration (suchen unter: Integration)

http://www.duden.de/rechtschreibung/integrieren (suchen unter: integrieren)

https://de.wikipedia.org/wiki/Transzendenz (suchen unter:Transzendenz)

http://zitatezumnachdenken.com/osho

Kapitel Die Welt der Polaritäten

https://www.die-bibel.de (suchen unter: das Buch Genesis, die Anfänge)

Reclam Universal-Bibliothek (Hrsg.). (1961): Lao-tse: Tao-Te-King. Stuttgart: Reclam Verlag.

http://www.zitate-und-weisheiten.de

http://www.aphorismen.de

http://de.wikipedia.org (suchen unter: Glück im Unglück – Unglück im Glück)

Fuchs, M. (2007). Die Pädagogik des Zenmeisters. Darstellung und Analyse. Inaugural-Dissertation.

Diederichs Gelbe Reihe (Hrsg.) (1978). Bhagavadgita/Aschtavakragita. Köln: Eugen Diederichs Verlag.

Venkatesananda, S. (1981). Bhagavatam (the book of gods). Cape Province: The chiltern yoga trust.

Wolf, U. (2008). Aristoteles: Nikomachische Ethik. Reinbek: Rowohlt Taschenbuch Verlag GmbH

http://de.wikipedia.org/wiki/Mittlerer Weg

http://www.projekte.kunstgeschichte.uni-muenchen.de (suchen unter Johann Wolfgang von Goethe: Einleitung, Propyläen, 1. Bd., 1. Stück (1798))

Fischer, T. (1992). Wu wei – die Lebenskunst des Tao. Reinbek: Rowohlt Taschenbuch Verlag GmbH

Watts, A. (2003). Der Lauf des Wassers – die Weisheit des Taoismus. Frankfurt am Main: Insel Taschenbuch

Möller, H.-G. (2010). In der Mitte des Kreises – Daoistisches Denken. Frankfurt am Main: Insel Taschenbuch

Schulz von Thun, F. (1990). Miteinander reden. Band 2. Reinbek: Rowohlt Taschenbuch Verlag GmbH

Döbereiner, W. (1984). Die Weigerung des Christopherus. München: Verlag Döbereiner

Döbereiner, W. (2001). In der Gewalt der Titanen. München: Verlag Döbereiner

Wiseman, R. (2010). Wie Sie in 60 Sekunden Ihr Leben verändern. Frankfurt am Main: Fischer Taschenbuch Verlag GmbH

Epiktet (2008). Handbüchlein der Moral. Stuttgart: Reclam Verlag

Stojakovic, V. (2012). Spiritual Technology: a journey into oneself. Kindle Edition bei amazon

http://www.psp-tao.de (suchen unter: Nisargadatta Zitate)

Kapitel Polaritäten-Integration und ihr therapeutischer Nutzen

Slavinski, Z.M. (2010). PEAT – new pathways. Belgrad (erhältlich als E-book über www.peatworld.de)

Mourlane, D. (2014). Resilienz: Die unentdeckte Fähigkeit der wirklich Erfolgreichen. Chemnitz: BusinessVillage

Reivich, K. & Shatté, A. (2003). The Resilience Factor: 7 Keys to Finding Your Inner Strength and Overcoming Life's Hurdles. New York: Broadway Books

Hüther, G. (2005). Wohin, weshalb, wofür? (Vortrag auf dem Kongress zum 100. Geburtstag von Viktor Frankl: Dem Sinn Leben geben, Salzburg, 17. - 19. Juni 2005, 98 Minuten auf DVD.

Hüther, G. (2011). Was wir sind und was wir sein könnten. Frankfurt am Main: Fischer Taschenbuch.

Hüther, G., Roth, W., Von Brück, M. (2008). Damit das Denken Sinn bekommt. Freiburg im Breisgau: Herder Verlag.

http://www.astrologie.de/forum/lebendige-spiritualitaet-f23/das-boese--t1292-s30.html

https://www.sein.de/brandenburg/schattenarbeit

http://de.wikipedia.org/wiki/Schatten_%28Archetyp%29

http://www.schattenintegration.de

Wilber, K. (2010). Integrale Lebenspraxis: Körperliche Gesundheit, emotionale Balance, geistige Klarheit, spirituelles Erwachen. - Ein Übungsbuch. München: Kösel Verlag.

http://de.wikipedia.org/wiki/Maslowsche_Bed%C3%BCrfnishierarchie (Maslows Bedürfnis-Hierarchie)

http://www.jacobs-university.de/phd/files/1118317993.pdf (Jane Loevinger: die integrierte Stufe)

http://de.wikipedia.org/wiki/Big_Five_%28Psychologie%29 (die Big Five)

http://de.wikipedia.org/wiki/Raymond_Bernard_Cattell (Raymond Cattell, 16 PF)

http://de.wikipedia.org/wiki/Stufenmodell_der_psychosozialen_Entwicklung (Erik Erikson)

http://happinessbeyondthought.blogspot.de/2012/10/which-is-more-pleasurablepsychedelics.html

Peichl, J. (2007). Innere Kinder, Täter, Helfer & Co. Ego-State-Therapie des traumatisierten Selbst. Stuttgart: Klett-Cotta.

Mohl, A. (2006). Der große Zauberlehrling Teil 1. Paderborn: Junfermann Verlag. (Der Visual Squash)

Andreas, C. & Andreas, S. (1992). Mit Herz und Verstand. Paderborn: Junfermann Verlag.

Dilts, R. (1989). Identität, Glaubenssysteme und Gesundheit. Paderborn: Junfermann Verlag.

Wiseman, R. (2010). Wie Sie in 60 Sekunden Ihr Leben verändern. Frankfurt am Main: Fischer Taschenbuch Verlag GmbH

https://de.wikipedia.org/wiki/Gabriele_Oettingen

http://www.sasserlone.de/autor/130/tiziano.terzani (suchen unter: Terzani Zitate)

Kapitel Polaritäten und Polaritäten-Integration in der Spiritualität

Wilber, K. (2007). Integrale Spiritualität. München: Verlagsgruppe Random House.

Andreas, C. & Andreas, S. (1995). Der Weg zur inneren Quelle. Paderborn: Junfermann Verlag.

Hawkins, D.R. (1995). Power vs. force. New York: Hay House Inc.

James, W. (2004). The Varieties of Religious Experience. New York: Barnes & Noble Books.

Palmer, H. (1997). Die Kunst befreit zu leben. Bielefeld: Context Verlag.

Goleman, D. (1988). The meditative mind. New York: G.P. Putnam´s son.

Nataraja, S. (2008). The blissful brain. London: Gaia.

http://de.wikipedia.org/wiki/Georges_I._Gurdjieff

Ouspensky, P.D. (2010). Auf der Suche nach dem Wunderbaren. München: O.W. Barth Verlag.

Maharshi, R. (2009). "Wer bin ich?": Der Übungsweg der Selbstergründung. Berlin: Books on Demand.

Maharshi, R. (2010). Sei, was du bist! Die wichtigsten Lehren des großen indischen Weisen. München: O.W. Barth Verlag.

https://de.wikipedia.org/wiki/Austin_Osman_Spare

Semple, G.W. (2010). Austin Osman Spare – Kunst und Magie. Rudolstadt: Edition Roter Drache.

Allanach, J. (2013). Osho, India and me. New Delhi: Niyogi Books.

Osho. (1975). Tao: the three treasures – absolute Tao. New York: Osho Media International.

Osho. (2011). Tao – die Weisheit des Flusses. Krummwisch: Königsfut: Urania Verlag GmbH.

Osho. (2005). Freude – das Glück kommt von innen. Berlin: Ullstein Taschenbuch.

Osho. (2010). Der Vogel im Wind. Berlin: Ullstein Taschenbuch.

Osho. (2010). Jetzt oder nie. Berlin: Ullstein Taschenbuch.

Osho. (2005). Der Gott den es nicht gibt. Berlin: Ullstein Taschenbuch.

Osho. (2004). Tod - der Höhepunkt des Lebens. Köln: Innenwelt Verlag GmbH.

https://de.wikipedia.org/wiki/Katharsis

Slavinski, Z.M. (2008). PEAT und die Neutralisation uranfänglicher Polaritäten. Belgrad (erhältlich als E-book über www.peatworld.de)

Slavinski, Z.M. (2010). Transzendent. (erhältlich als E-book über www.peatworld.de)

Slavinski, Z.M. (2005). Rückkehr in die Einheit. (erhältlich als E-book über www.peatworld.de)

Slavinski, Z.M. (2005). Shunyata: göttliche Leere und mystische Physik (erhältlich als E-book über www.peatworld.de)

http://www.psp-tao.de (suchen unter: Huang Po Zitate)

Kapitel Techniken

Slavinski, Z.M. (2005). Rückkehr in die Einheit. (erhältlich als E-book über www.peatworld.de)

Dwoskin, H. (2012). Die Sedona-Methode. Kirchzarten: VAK Verlags GmbH.

http://www.melaniesmithson.com/5-ways-to-release

http://releasing-and-inquiry.blogspot.de/2010/02/smart-releasing.html

http://delicioushealing.com/using-opposites-to-heal

Slavinski, Z.M. (2008). PEAT und die Neutralisation uranfänglicher Polaritäten. (erhältlich als E-book über www.peatworld.de)

Slavinski, Z.M. (2010). Transzendent.(erhältlich als E-book über www.peatworld.de)

McFetridge, G. (2004). Peak States of Consciousness. Hornby Island: Institute for the Study of Peak States Press.

http://www.psp-tao.de (suchen unter: Nisargadatta Zitate)

Über den Autor:

Michael Hoffmann ist Jahrgang 1966 und lebte von 1989 bis 1991 in Nordindien im Sivananda Ashram nördlich von Rishikesh, wo er sich als Schüler des Jnana Yogis Swami Krishnananda dem Studium des Yoga und der indischen Philosophie widmete, und sich einer intensiven Meditationspraxis und Geistesschulung unterzog.

Später studierte er Psychologie an der Universität Salzburg, absolvierte verschiedene Fortbildungen im Bereich der Psychotherapie und spezialisierte sich auf die Behandlung von Suchterkrankungen und Traumata.

Seit dem Beginn seiner Meditationspraxis im Jahre 1988 sammelte er Erfahrungen mit zahlreichen Meditations- und Entspannungsmethoden, Mentaltechniken und Transformationstechnologien, sowie mit den verschiedensten Therapieverfahren aus dem Bereich der Psychotherapie.

Seine besondere Leidenschaft gilt jedoch der Polaritäten Integration und dem Feld der sogenannten Spiritual Technology, zu dem auch PEAT und andere Polaritäten-Integrations-Methoden gehören. Unter der direkten Schulung von Zivorad Slavinski wurde er Trainer für PEAT und Spiritual Technology und organisierte ab 2013 die jährlichen Münchner Spiritual Technology Tage mit Workshops von Zivorad Slavinski.

Er lebt derzeit in München, arbeitet in der Suchthilfe und in eigener psychotherapeutischer Praxis. Darüber hinaus bietet er Workshops für PEAT und andere Spiritual Technology Methoden an, in denen sich Interessenten zu PEAT Therapeuten ausbilden lassen oder einfach nur Selbsterfahrung sammeln können.

Kontaktmöglichkeiten:

Homepage: www.peatworld.de

E-Mail Adresse: info@peatworld.de